Christina Rosemann

Keine Angst vor Krach und Streit

Wie Sie als Familie durch richtiges Streiten zusammenwachsen können

oncken family Eltern & Kinder
Herausgegeben von Claudia Filker

Bildnachweis:
Christina Rosemann: 35, 43, 57, 63; Dietmar Reichert: 10, 19, 22, 24, 27, 30, 40, 46, 50, 53, 61. 68, 71, 73, 79, 84, 87 sowie alle Illustrationen; Digital Stock: 6, 13, 38, 66, 91; Goodshoot: 89; Image 100: 9, 81; Photodisc: 17, 36; ZEFA: Titel

Gesamtgestaltung: Dietmar Reichert, Dormagen

Druck: Egedsa, Spanien

ISBN 3-7893-7460-1

Bestell-Nr. 627 460

Inhaltsverzeichnis

Erziehen heißt: einem Kind begegnen.
Begegnung heißt: mit Konflikten leben.

Einleitung

WENN DIE FETZEN FLIEGEN

Sind wir nicht alle mit guten Vorsätzen an die große Herausforderung „Kindererziehung" herangegangen? Besonders gut wollten wir es machen. Unsere Kinder sollten sich im Schoße der Familie warm und sicher fühlen und ihren Platz in dieser Gemeinschaft haben. Sie sollten in einer harmonischen Atmosphäre der Liebe und Geborgenheit, des Friedens und der Ruhe aufwachsen. Wir wollten eine glückliche Familie sein, mit Vater, Mutter und im Normalfall zwei Kindern.
Vielleicht haben wir das nie so offen geäußert, dieses etwas romantische Bild der Familienidylle – aber tief in unserem Herzen haben wir davon geträumt.

Und dann waren wir das erste Mal enttäuscht: Das lang ersehnte, entzückende Baby verwandelte sich in ein zahnloses Monster, das – scheinbar grundlos – schrie und schrie und die Nacht zum Tag machte.

Nun, es geht weiter. Im Kinderzimmer fliegen die Fetzen, die Geschwister haben sich in der Wolle, und die Mahlzeiten gleichen manchmal der „Schlacht am kalten Buffet“.
Die täglichen Ermahnungen, wie „Räum dein Zimmer auf!“, „Bring den Mülleimer raus!“ und „Mach deine Hausaufgaben!“, bringen uns immer wieder an den Rand der Verzweiflung.
In unseren Familien scheint eben nicht immer die Sonne, und in unserem Alltag geht es in der Tat manchmal ganz schön stürmisch zu.
In meiner Tätigkeit als Systemische Organisationsentwicklerin habe ich Gruppen und Organisationen in Teamentwicklungs-Prozessen

und Familien in Krisen- und Konfliktsituationen begleitet. Zwei Dinge sind mir dabei aufgefallen, die mir auch im persönlichen Leben und im Freundeskreis begegnet sind:

1) Die meisten Menschen haben nicht gelernt, über die eigenen Gefühle zu sprechen. Das hat zur Folge, dass sie auch die Gefühle der anderen, ihnen nahe stehenden Menschen nicht wahrnehmen und verstehen können.
2) Viele Menschen haben auch nicht gelernt, miteinander zu streiten. Entweder sie laufen voreinander weg und reden nur selten miteinander oder sie streiten so miteinander, dass sie mit Kritik und Verachtung aufeinander losgehen. Der Streit gleicht hierbei einem Ringkampf, die Waffen sind nicht Fäuste, sondern verletzende Worte.

Jede Familie ist ein System, ein Netzwerk, in dem jeder mit jedem über viele unsichtbare Fäden miteinander verbunden ist. Dieses Netzwerk kann ein Gewebe sein, dass Sicherheit und Geborgenheit bietet und jeden schützend und behütend umfängt. Es kann aber auch festgezurrt und in sich verknotet sein, so dass sich der Einzelne erdrückt und gefangen fühlt.

Mit Konflikten leben, das heißt:

- *Gefühle,* positive und negative, spielen im Zusammenleben eine große Rolle. Wie können wir in unseren Familien eine Atmosphäre der Offenheit schaffen, in der Gefühle und Bedürfnisse angesprochen werden dürfen?
- Die Balance von *Nähe und Distanz* ist für das Leben in der Familie von großer Bedeutung. Wie können wir in unseren Familien ein Netz der Geborgenheit knüpfen? Wann müssen wir klare Grenzen ziehen?
- *Kommunikation* ist der Schlüssel für die Bewältigung von Konflikten. Was sagen wir unseren Kindern und wie reden wir miteinander?

Ich möchte Sie warnen: Bei uns zu Hause fliegen die Fetzen … mindestens einmal am Tag.
Ich kann Ihnen also mit diesem Buch kein Patentrezept für ein konfliktfreies Familienleben geben. Das will ich auch gar nicht. Ich möchte Ihnen vielmehr Mut machen, ein paar Ideen weitergeben und informieren, damit Sie besser verstehen, warum es in Ihren Familien manchmal ganz schön hoch hergeht.

Erziehen heißt:
einem Menschen begegnen!

Vielleicht ist er kleiner
und schwächer,
noch unerfahren,
noch linkisch
und hilflos,
noch ängstlich
und ohne Wissen …

Aber er ist ein Mensch,
ein „Ich“ voller Hoffnung,
voller Träume,
voll kleiner Sorgen und kleiner Freuden,
ein Mensch, den es nur einmal gibt,
unersetzlich
und kostbar!

So wie Begegnung
zwischen zwei Menschen
geschieht,
so auch Erziehung …
Es ist ein Lernen
auf beiden Seiten.

Erziehen heißt:
einem Menschen begegnen,
ein Du erkennen,
ein Wir erleben
und sich bewusst werden als ein Ich …[1]

Kapitel 1

Keine Angst vor Krach und Streit

Konflikte in der Familie

Am liebsten würden wir unsere Familien zu konfliktfreien Zonen erklären. Ist das nicht so? Konflikte sind anstrengend, Konflikte tun weh, sie sind uns ein Gräuel.
Und so sind wir Meister in den Disziplinen „Ausweichen vor Konflikten“ und „Unterdrücken von Aggressionen“.

Den Ärger offen zur Sprache zu bringen und den eigenen Aggressionen Raum zu geben, ist in unserer Gesellschaft schlichtweg verpönt. Wir leben in einer Welt, in der Krieg und Gewalt an der Tagesordnung sind, in der andererseits aber die leiseste Form persönlicher Aggressionsgefühle vermieden werden soll. Schon in unserer Kindheit haben wir lernen müssen, unsere aggressiven Gefühle zu kanalisieren. Durch gut gemeinte Ermahnungen unserer Eltern, wie „Streitet euch nicht!“ und „Pst … nicht so laut!“ oder sogar durch Androhung von Strafe haben wir unsere Wut, unseren Zorn und unseren Ärger oftmals drosseln müssen. Und dieses Verhalten geben wir heute an unsere Kinder weiter.

Wir leben in einer Welt, in der Krieg und Gewalt an der Tagesordnung sind, in der andererseits aber die leiseste Form persönlicher Aggressionsgefühle vermieden werden soll.

Die Familie ist ein System, in dem jeder von jedem emotional und meistens auch wirtschaftlich abhängig ist. Diese Gemeinschaft ist anfällig. Schon kleinere Störungen führen zu Konflikten. Und größere Veränderungen, wie z.B. Krankheit, berufliche und schulische Schwierigkeiten, starke Unzufriedenheit eines Elternteils, Tod eines nahe stehenden Menschen und Probleme in der Partnerschaft können die Balance empfindlich stören. Das Leben in einer Familie gleicht einem Mobile. Zieht man an einer Stelle, bewegt sich alles.
Dabei neigen Familiensysteme dazu, eine feste Form anzunehmen. Durch eigene Werte und Normen und durch ausgesprochene und unausgesprochene Regeln wird eine Ordnung geschaffen. Dieses System gleicht einem Netzwerk. Es kann seine Mitglieder schützend und behütend umfangen, aber auch als starr und erdrückend empfunden werden.

Immer wieder gibt es Situationen und Momente, in denen auch Kinder lernen müssen, ihre Gefühle zu steuern. Wenn sie allerdings permanent zur Ruhe und Ordnung angehalten werden, wenn der eigene Wille nicht entfaltet und aggressive Gefühle nicht gelebt werden dürfen, dann kann sich das negativ auf die Persönlichkeitsentwicklung der Kinder auswirken.
Krach, Streit und Auseinandersetzungen gehören zu unserem Familienalltag dazu, damit das „Netzwerk Familie“ immer in Bewegung bleibt. Dabei brauchen unsere Kinder Begleitung, damit sie sich selbst und ihre Gefühle entfalten können und gleichzeitig lernen, mit Grenzen zu leben. So erleben wir als Eltern mit unseren Kindern Unsicherheit, Enttäuschung und Angst, andererseits aber auch ganz viel Freude, Lebendigkeit und Spaß.

Nehmen Sie Abschied von dem harmonischen Bild der scheinbar konfliktfreien Idealfamilie.

Nehmen Sie Abschied von dem harmonischen Bild der scheinbar konfliktfreien Idealfamilie, auch wenn es uns in der Werbung und in manchen Büchern über Kindererziehung immer noch vorgegaukelt wird.

Warum ist es in unseren Familien oft so schwierig?

Konflikte entstehen, wenn Svenja ihren kleinen Bruder eine „Dumpfbacke“ nennt, wenn Lars sich ständig ungerecht behandelt fühlt und seine Geschwister verpetzt, Jonas in einem schwierigen Alter ist und permanent die Regeln in Frage stellt und die Eltern die lieben Kleinen dazu anhalten, ihre Pflichten zu erledigen.
Konflikte in der Familie sind normal. Es geht gar nicht ohne, denn wo Menschen zusammenleben, da prallen gelegentlich auch unterschied-

liche Interessen aufeinander, unter Geschwistern, zwischen Mutter und Vater, zwischen Eltern und Kindern.

Der Begriff *Konflikt* leitet sich von dem lateinischen Wort *conflictus* ab und bedeutet *Zusammenstoß*.
Konflikte entstehen also immer dann, wenn unterschiedliche Bedürfnisse und Interessen zwischen zwei oder mehreren Personen aufeinander prallen.
Einen Konflikt austragen heißt, miteinander streiten. Streit ist nicht schlecht, denn er zeigt, „wo der Schuh drückt“. Eine offene, fair geführte Auseinandersetzung schafft Klarheit. Nur versteckt streiten, Unmut und Ärger in sich hineinfressen, das macht krank.
Wenn das Leben in unseren Familie von einer offenen Atmosphäre geprägt ist, in der Gefühle angesprochen, eigene Bedürfnisse gelebt und persönliche Interessen aufrichtig vertreten werden dürfen, dann sind Streit und Konflikte geradezu vorprogrammiert, aber auch produktiv.

Streit ist nicht schlecht, denn er zeigt, „wo der Schuh drückt“.

Konflikttypen: konfliktscheu oder streitlustig
„Ich will nicht in diese Scheiß-Musikschule ... Das habe ich schon hundertmal gesagt ... Ist mir doch egal, dass das viel Geld kostet ... Lass mich in Ruhe!“ Wutschnaubend knallt Lars die Türe hinter sich zu, stampft die Treppe hoch, läuft in sein Zimmer und schließt ab.

Bei Sarah laufen die Auseinandersetzungen mit ihren Eltern ganz anders ab. Wenn es für sie „eng wird“, bleibt sie wie angewurzelt stehen, schaut verlegen auf ihre Finger, und dicke Tränen rollen über ihre Wangen. Wer kann diesem Kind widerstehen, ohne ein schlechtes Gewissen zu bekommen?

Es lohnt sich, einmal genau hinzuschauen:
Welche Streitkultur prägt Ihr Familienleben? Gehören Sie und Ihre Kinder eher zu den konfliktscheuen oder zu den streitlustigen Konflikttypen? Geht es in Ihren Familien manchmal ganz schön laut zu und schließen Sie lieber die Fenster, wenn sie miteinander streiten? Oder gehören sie eher zu den „Leisetretern“, bei denen die Konflikte unter den Teppich gekehrt werden?

In manchen Familien, oft schon in der Konstellation der beiden Partner, treffen die konfliktscheuen und die streitlustigen Typen aufeinander. Das ist eine brisante Mischung, die aber auch die besten Voraussetzungen für eine gute Streitkultur bietet.

Viele Menschen fürchten sich vor den Anstrengungen und den Folgen eines Konfliktes. Sie meinen, dass die Wahrheit verletzt, dass falsch gewählte Worte zu Missverständnissen führen und der Streit leicht außer Kontrolle gerät. Wahrscheinlich haben sie die Erfahrung gemacht, dass Streiten abgrundtief grausam und schmerzhaft sein kann.
Aber Achtung: Selten oder überhaupt nicht zu streiten ist für jede Beziehung noch sehr viel bedrohlicher, denn die Gefahr der „Explosion" schwebt über jeder Beziehung von „Nicht-Streitern".
Wenn wir also in unseren Familien und den vielen anderen Beziehungen, in die jeder eingebunden ist, auf Konflikte immer nur friedfertig, harmoniebedürftig und höflich, also konfliktscheu reagieren, führt dies zwangsläufig zu angestauter Wut. Wenn die einzelnen Familienmitglieder ihren Unmut und Ärger immer herunterschlucken müssen, kommt es zu verstecktem Streit, der meist zu Missverständnissen und Verletzungen oder zu unkontrollierten Wutausbrüchen führt.

Eine offene, fair geführte Auseinandersetzung bringt dagegen Klarheit, und ein frühzeitig und angemessen ausgefochtener Streit räumt unausgesprochene Missverständnisse und Ärger aus der Welt. Es bringt die Streitenden näher und schafft Vertrauen. Kompliziert wird es erst, wenn „der Karren im Dreck sitzt".

Welche Konfliktmuster haben wir im Laufe unseres Lebens entwickelt?

Konflikte verunsichern uns, machen manchmal Angst und lösen Blockaden aus. Deshalb haben wir im Laufe unseres Lebens viele Mechanismen entwickelt, um ihnen aus dem Weg zu gehen.

Jede Familie hat eine eigene Streitkultur. Sie hat ihre eigenen Vermeidungs-Strategien, ihre Konfliktmuster und ihre besondere Geschichte. Zu dieser Geschichte gehören auch die Streitmuster, die wir als Kinder in unseren Ursprungsfamilien erlernt haben. Unsere Kinder wiederum müssen sich zwangsläufig mit unseren Vermeidungsstrategien auseinander setzen und entwickeln dann wiederum ihre eigenen Strategien. Konfliktmuster haben also die Tendenz, sich zu verfestigen und chronisch zu werden, so dass sich eine bestimmte Streitkultur manchmal über Generationengrenzen hinweg wiederholt. Das, was wir in unseren Ursprungsfamilien gelernt haben, begleitet uns ein Leben lang.

Im unten stehenden Kästchen finden Sie ein paar ganz typische Verhaltensmuster, mit denen wir bewusst oder unbewusst Konflikte vermeiden. Schauen Sie einfach mal, vielleicht entdecken Sie sich an der einen oder anderen Stelle wieder. Das wäre schon ein erster Schritt in die richtige Richtung.

Erlernte Konfliktmuster

- Die *„Krankenschwestern"* decken den Ärger mit Mitleid und Fürsorge zu.
- Die *„Schwachen"* müssen geschont werden, weil sie so verletzbar sind.
- Die *„Nachtrager"* können nicht vergessen und kramen alte Verletzungen hervor.
- Die *„Schweiger"* ziehen sich zurück und entziehen Aufmerksamkeit und Liebe.
- Die *„Opfer"* suchen die Schuld bei den anderen.
- Die *„Hypochonder"* werden krank, wenn es schwierig wird.
- Die *„Rabattmarkensammler"* lassen ihren Ärger auflaufen und machen einen Rundumschlag, wenn das „Heft" voll ist.
- Die *„Naiven"* stellen sich einfach dumm.
- Die *„Verleugner"* tun so, als gäbe es keine Probleme.
- Die *„Friedensengel"* spielen Konflikte herunter und bügeln alles glatt.
- Die *„Verbünder"* suchen sich Leidensgenossen.
- Die *„Heckenschützen"* greifen aus dem Hinterhalt an.
- Die *„Krieger"* gehen sofort in die Offensive.
- Die *„Retourkutschenfahrer"* lenken von der eigenen Person ab.

Unser Problem mit dem Ärger

Viele Menschen verhalten sich im Alltag eher zurückhaltend. Leidenschaft zeigen sie selten und ebenso sehr vermeiden sie lautstarke Auseinandersetzungen. Das heißt aber nicht, dass sie innerlich ruhig und entspannt wären – eher ist es wohl so, dass diese Menschen ihre Gefühle unter Kontrolle haben und nicht herauslassen wollen – nicht die schlechten und nicht die guten. Sollte es einmal wirklich schlecht laufen, so versuchen sie tapfer, die Bürde so gut es geht alleine zu tragen. Sie lassen sich möglichst nichts anmerken. Wie groß kann das Erstaunen bei anderen und bei ihnen selbst sein, wenn sie eines Tages explodieren oder zusammenbrechen!

Marion erzählt:
„Noch heute steigt mir die Schamesröte ins Gesicht, wenn ich daran denke: Es war ein ganz normaler Mittag. Nach der üblichen Hausarbeit hatte ich den Vormittag am Schreibtisch verbracht, langweilige Protokolle geschrieben, mehrere unangenehme Telefonate geführt und das Mittagessen zubereitet.
Die Kinder saßen schon am Tisch, und ich wollte gerade den Nudeltopf vom Herd holen, als unser Tobias mal eben nebenbei verkündete: „Hab 'ne Fünf im Musiktest geschrieben."
Ich blieb wie angewurzelt stehen und spürte, wie die Wut in mir hochstieg und mich mit Macht ergriff. Auf einmal stand ich nehmen mir und konnte fassungslos beobachten, was passierte. Ich schrie wie am Spieß und trat mit solcher Kraft gegen den Unterschrank in unserer Küchenzeile, dass das Holz splitterte. Mir war sofort klar, dass die Fünf im Musiktest nur der berühmte Tropfen war, der das Fass zum Überlaufen gebracht hatte."

Aggressionen – ein neuer Blickwinkel

Ich möchte in diesem Kapitel eine Lanze für die positive Einschätzung des Aggressionstriebes brechen, denn er ist die selbsterhaltende Kraft in uns. Es ist allerdings so, dass für die meisten Menschen Aggressivität gleichbedeutend mit sinnloser und verletzender Feindseligkeit ist. Feindseligkeiten und Verletzungen entstehen aber erst dadurch, dass wir keinen gesunden Umgang mit unseren Aggressionen pflegen.

Ich möchte Ihnen Mut machen, ein neuen Weg im Umgang mit aggressiven Gefühlen zu gehen und sich mit einem neuen Aggressionsbegriff anzufreunden. George R. Bach und Herb Goldberg haben in ihrem Buch „Keine Angst vor Aggressionen“ den Aggressionsbegriff wie folgt umschrieben:
„Aggressive Energie, wie wir sie verstehen, schafft kritische Vitalität für den Lebensprozess. Sie kann die Tiefe und Wirklichkeit des Lebens intensivieren.“[2]

Einen Menschen ärgerlich und zornig zu erleben ist der sicherste Weg, herauszufinden, wo seine Zuneigungen und Interessen liegen und wie tief sie gehen.

1. Jeder Mensch hat Aggressionen. Wichtig ist, dass wir diese Tatsache nicht verleugnen.
2. Aggressionen sind ein Teil unserer Beziehungen. Wichtig ist, dass wir diesen Teil bejahen statt ihn zu beklagen.
3. Aggression kann als positive oder als negative Energie genutzt werden. Wichtig ist, dass wir Gefühle wie Wut, Ärger und Zorn frühzeitig erkennen und benennen.

Keine Angst vor Aggressionen

Wir lassen bei uns und unseren Kindern nichts unversucht, um den Aggressionstrieb unter Kontrolle zu halten. Wir versuchen ihn wegzuwünschen, wegzubeten, zu leugnen oder zu überspielen. Aber er verschwindet nicht. Auch wenn wir in unserem Glauben und durch unsere christliche Sozialisation eher die nicht-aggressiven Eigenschaften wie Demut, Langmut, Geduld und Friedfertigkeit als positiv und erstrebenswert herausheben, bin ich davon überzeugt, dass die Grunderfahrung des Menschen, Ärger zu empfinden, in Gott ihren Ursprung hat.

Das Wort „Zorn" finden wir 455-mal im Alten Testament; 375-mal davon wird dabei vom „Zorn Gottes" geredet. Und auch im Neuen Testament können wir nachlesen, dass Jesus zornig wurde (Markus 3,1-5; Johannes 2,13-17).[3] Und immer entspringt dieser Zorn Gottes seinem großen Engagement und seiner großen Liebe zu den Menschen.

Aggressive Gefühle, die im Interesse eines harmonischen und friedlichen Ablaufs einer Beziehung permanent unterdrückt werden, können plötzlich intensive und unkontrollierte Erscheinungsformen annehmen:

- Eine Ehe zerbricht, obwohl man sich nur selten gestritten hat.
- Die Tochter wendet sich von der Familie ab, obwohl sie als Kind „immer so unkompliziert und lieb" war.
- Kollegen schauen sich nicht mehr an, obwohl sie gestern noch so gut zusammengearbeitet haben.
- Ein Kind nässt auf einmal wieder ein, obwohl es keinen Grund zu geben scheint.

Auch unsere Kinder haben aggressive Gefühle. Dies zu verleugnen oder gar zu verteufeln würde sie in ihrer Persönlichkeitsentwicklung hemmen. Schon die Kleinsten empfinden in bestimmten Situationen Wut und Angriffslust, aber deshalb sind sie noch lange nicht brutal oder gewalttätig. Kinder leben noch sehr viel unbefangener mit ihren aggressiven Gefühlen und nutzen diese Energie, um auf jemanden zuzugehen, etwas in Angriff zu nehmen und die eigenen Grenzen zu testen. Auch wenn uns das aggressive Verhalten unserer Kinder manchmal befremdet, ist es entwicklungspsychologisch gesehen ein sinnvoller Schutz gegen Überbehütung. Es ist ein Mittel, den eigenen Handlungsspielraum zu erweitern und die Stellung innerhalb der Familie zu prüfen oder zu festigen.

Der Verhaltensbiologe Joachim Bensel[4] unterscheidet vier Bereiche der kindlichen Aggression:

- ***Aggression als Selbstverteidigung***
  Das Kind wehrt sich, wenn es sich bedroht und bedrängt oder wenn es sich ungerecht behandelt fühlt.
- ***Aggression als Austesten der eigenen Grenzen***
  Ein gesundes Kind möchte immer wieder seinen Spielraum erweitern und die eigenen Möglichkeiten und Grenzen austesten. Hinter diesem aggressiven Auskundschaften steckt aber immer die unausgesprochene Frage: Wie weit darf ich gehen? Welche Freiheiten habe ich?
- ***Spielerische Aggression***
  Kinder balgen für ihr Leben gerne. Dabei können sie spielerisch ihre körperlichen Grenzen erleben.
- ***Aggression aus Frustration***
  Kinder reagieren mit Angriff, wenn sie etwas nicht bekommen, was sie gerne hätten.

Wenn wir uns mit Engagement für Gerechtigkeit und Liebe in unseren Beziehungen einsetzen und wenn in unseren Familien eine Atmosphäre der Offenheit gelebt werden soll, dann müssen wir unseren aggressiven, selbsterhaltenden Energien Raum geben. Wichtig ist dabei, dass wir diese Energien kreativ nutzen, ohne zu beschuldigen und unnötig zu verletzen, indem wir durch eine bereinigende Auseinandersetzung eine Atmosphäre der Nähe und Wärme entstehen lassen.

Wege zu einem konstruktiven Umgang mit Aggressionen:

- Ärger und Ablehnung direkt ausdrücken
- Den eigenen Willen und die eigenen Bedürfnisse äußern
- Der offenen Konfrontation mit anderen nicht aus dem Weg gehen
- Sich aktiv anderen Menschen annähern, statt passiv abzuwarten
- Konflikte offen ansprechen
- Unbefangen „Nein", statt konfliktvermeidend „Ja" sagen

Vom Grummeln im Bauch und gesträubten Nackenhaaren

Damit wir in Konfliktsituationen aggressive Impulse konstruktiv einsetzen können, müssen wir ganz neu lernen, auf unsere Gefühle wie Wut, Ärger, Abwehr und manchmal sogar Zorn sensibel und frühzeitig zu reagieren. Unser Körper ist uns hierbei eine große Hilfe und sendet uns unglaublich viele Signale, die sich auch in unserer Sprache widerspiegeln:

„Mir sträuben sich die Nackenhaare."
„Ich habe ein Grummeln im Bauch."
„Ich sitze wie auf heißen Kohlen."
„Das schnürt mir die Kehle zu."

Unser Körper ist das beste Gefühlsbarometer

Ständig empfangen wir Körpersignale, die uns auf irgendetwas aufmerksam machen wollen. Wenn wir Hunger haben, knurrt der Magen, wenn wir uns verletzen, empfinden wir Schmerz, wenn wir verliebt sind, dann kribbelt es im Bauch, und wenn wir zornig sind, bekommen wir einen roten Kopf.

In einer Gesellschaft, die weitgehend rational ausgerichtet ist, ist der Körper das beste Instrument, um die Wahrheit über unsere Gefühle zu entdecken. Oft ignorieren wir seine Botschaft oder verdrängen sie. Ich möchte Sie ermutigen: Schärfen Sie Ihre Sinne und hören Sie auf die Signale Ihres Körpers, ihnen liegt oft eine wichtige Botschaft zugrunde.

In einer Gesellschaft, die weitgehend rational ausgerichtet ist, ist der Körper das beste Instrument, um die Wahrheit über unsere Gefühle zu entdecken.

Auch wenn eine körperliche Reaktion manchmal eine banale Ursache haben kann, möchte ich Ihnen nachfolgend einige Beispiele dafür geben, dass die Körpersprache auch verdrängte Aggressionen zum Ausdruck bringen kann:

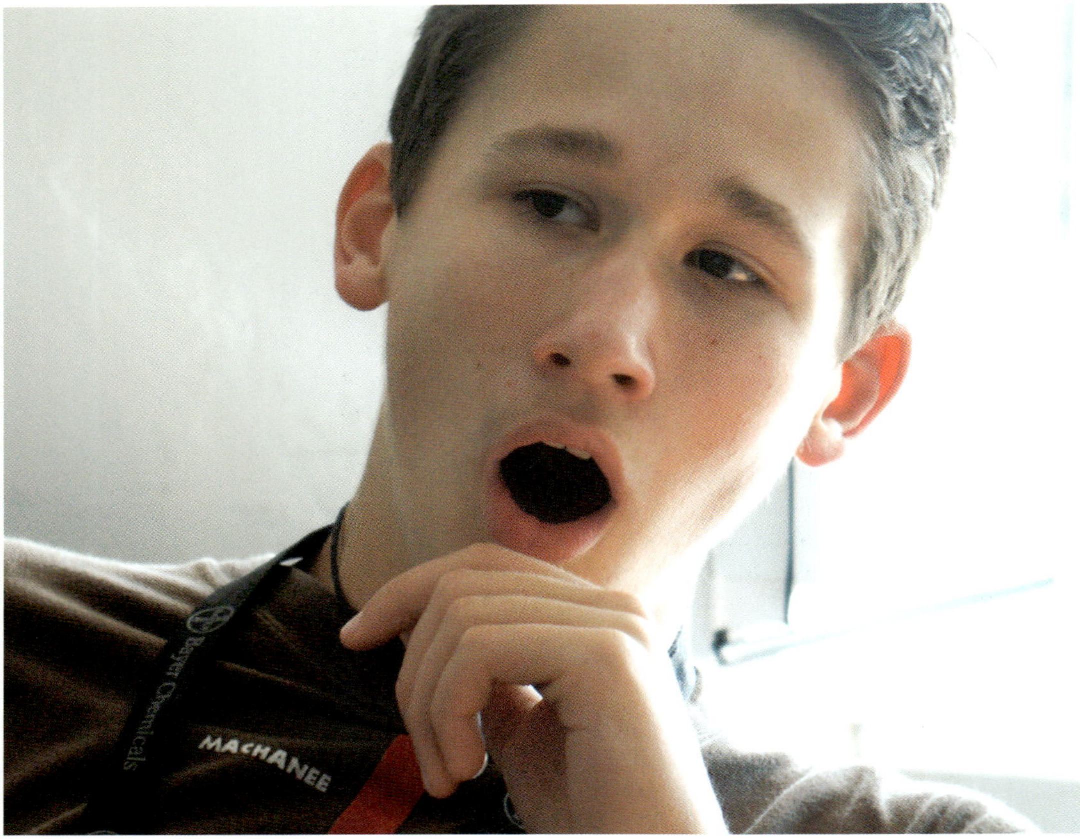

Gähnen

Gemeinhin wird Gähnen als ein Zeichen von Müdigkeit betrachtet. Es ist aber oft eine unbewusste Reaktion auf ein uninteressantes Gespräch, auf ein Erlebnis ohne Reiz, kurz, auf das Gefühl von Langeweile.

Gähnen kann uns in der Sprache des Körpers sagen: „Meine Güte, ist das langweilig!“, „Das bringt uns keinen Schritt weiter“, „Warum hört er nicht auf zu reden?“

Furcht vor Blickkontakt

Es gibt Begegnungen, bei denen es wirklich schwer fällt, Blickkontakt zu halten. Man fühlt den Drang, dem Blick des Gesprächspartners auszuweichen. Diese Reaktion möchte uns in der Sprache des Körpers sagen: „Ich bin skeptisch, ich weiß nicht, ob ich dir trauen kann.“, „Ich kann dich nicht leiden, ich würde dir lieber aus dem Weg gehen.“

Erröten
Wenn uns eine Situation verlegen macht oder wir bei einer Tätigkeit ertappt wurden, bei der wir uns unbeobachtet glaubten, kann es passieren, dass wir erröten. Im Laufe unseres Lebens lernen wir durch Selbstbewusstsein und Schlagfertigkeit, Situationen, die uns schüchtern und verlegen machen, zu überstehen. Das Erröten möchte uns in der Sprache des Körpers sagen: „Ich mag es nicht, wenn du Scherze über mich machst.“, „Ich fühle mich in einer peinlichen Situation.“

Erbleichen
Wir erbleichen, wenn wir uns erschrecken oder wenn wir uns bei einer unrechten Handlung ertappt fühlen. Das Erbleichen kann von weiteren Angstreaktionen wie Schweißausbruch, Übelkeit und Schwächeanfall begleitet werden. Das Erbleichen möchte in der Sprache des Körpers sagen: „Ich habe Angst.“, „Ich fühle mich schuldig.“

Auch im Umgang mit unseren Kindern können diese Körperreaktion für uns ein wichtiger Hinweis darauf sein, welche Gefühle bei unseren Kindern mitschwingen, wenn wir mit ihnen streiten.
Aber Vorsicht: Wir sollten diese Vermutungen nicht dazu nutzen, unsere Überlegenheit zu demonstrieren!

Kapitel 2

Immer tief durchatmen – Mit Kindern streiten

Der ganz normale Alltagsstreit

Mama: „Sophie, kannst du bitte Brötchen holen?"
Sophie: „Nö!"
Mama: „Warum denn nicht?"
Sophie: „Keine Lust!"
Mama: „Ich mach dir einen Vorschlag: Du holst die Brötchen und kannst dir beim Bäcker was für 'nen Euro holen."
Sophie: „Will nichts für 'nen Euro!"
Mama: „So, meine Liebe, ich sag dir jetzt was: Du gehst zum Bäcker und holst Brötchen! Ende!"
Sophie: „Okay, ich kaufe Brötchen und hol mir was für 'nen Euro."

Ein harmloser Streit, finden Sie nicht auch? Das erleben wir täglich mit unseren Kindern: Aufstehen, Anziehen, Zähneputzen, Frühstücken – vom frühen Morgen an wird alles und jedes von den lieben Kleinen in Frage gestellt und diskutiert. Je nach Tageszeit, Alter und Laune unserer Kinder ändern sich zwar die Themen, aber die Gründe für die Konflikte sind immer die gleichen:

1. Kinder müssen den Kampf gegen die Erwachsenen kämpfen, damit sie sich zu eigenständigen und individuellen Persönlichkeiten entwickeln können.
2. Kinder brauchen immer wieder die Bestätigung, bedingungslos geliebt zu werden und „dazuzugehören“.

Dabei werden sie von diesen Fragen bewegt:

- Wer bin ich?
- Was kann ich?
- Wo ist mein Platz?

Die kleinen, alltäglichen Familienreibereien lassen sich meistens sofort regeln. Der geordnete Familienalltag und ein gewisses Maß an Autorität gibt den Eltern die Möglichkeit, schnelle Entscheidungen zu treffen. Manchmal müssen sich Kinder einfach an die Anweisungen von Vater oder Mutter halten. Ohne ein Minimum an Gehorsam und Rücksichtnahme ist ein Familienleben kaum denkbar. Es gibt Situationen, da muss alleine aus Gründen der Sicherheit Schluss sein, wenn Eltern „Schluss“ sagen. Ein anderes Mal erfordert einfach die nervliche Belastbarkeit der Eltern ein „Stopp“. Wenn wir nämlich auf eigene Kosten unseren Kindern stets nachgeben, tun wir uns und ihnen auf Dauer keinen Gefallen.

Kleine, alltägliche Familienreibereien lassen sich schnell lösen,

- ***wenn Eltern über ein gewisses Maß an natürlicher Autorität verfügen.***
  Das heißt, unsere Worte haben Gewicht, wenn unsere Kinder darauf vertrauen können, dass wir auch bei Meinungsverschiedenheiten immer ihr Bestes wollen.
- ***wenn Kinder verstehen, warum Eltern sie um etwas bitten.***
  Das heißt, wann immer es möglich ist, sollten wir unsere Anweisungen begründen.
- ***wenn das Familienleben von einer Atmosphäre des Vertrauens geprägt ist.***
  Das heißt, wenn wir unseren Kindern grundsätzlich etwas zumuten, ihnen möglichst wenig dreinreden, vorschreiben oder aus der Hand nehmen, können sie im Ernstfall darauf vertrauen, dass unsere Entscheidungen und Anweisungen notwendig sind.

Schwierig wird es erst, wenn sich die kleinen Reibereien zu handfesten Konflikten entwickeln oder in einen echten Machtkampf ausarten. Wenn ein Kind ständig stört, Regeln permanent verletzt oder andere Verhaltensauffälligkeiten zeigt, müssen Eltern den Konflikt ernst nehmen und nach möglichen Ursachen forschen.
Konflikte haben dann aber auch ihr Gutes. Sie zwingen die Eltern, sich mit ihren Kindern auseinander zu setzen. Und Kinder müssen sich an ihren Eltern reiben, um sich so zu eigenständigen Persönlichkeiten entwickeln zu können.

Hinter jedem Konflikt steckt ein Gefühl

Es ist erstaunlich: Werden Eltern nach ihren Erziehungszielen gefragt, so sind sie sich meistens einig. Sie wollen Kinder mit einem hohen Maß an Selbstsicherheit und Selbstständigkeit aufwachsen lassen. Sie sollen eigenverantwortlich, glücklich und gesund durchs Leben gehen.
Dabei sind die Wege dahin doch so unterschiedlich. Immer jedoch geht es um eine Mischung aus Laufen-Lassen und Grenzen-Setzen, aus An-die-Hand-Nehmen und Selber-machen-Lassen, aus Lob und Kritik, aus Wärme und Sachlichkeit, aus Entgegen-Kommen und Sich-Abgrenzen.

Wir müssen uns mit unseren Kinder auseinander setzen,
- wenn wir die selbsterhaltenden und kreativen Energien unserer Kinder ernst nehmen,
- wenn wir ihren Bedürfnissen und Gefühlen auf eine angemessene Weise Rechnung tragen
- und wenn wir gleichzeitig die eigenen Bedürfnisse und Gefühle berücksichtigen.

Konflikte zwischen Eltern und Kind entstehen, wenn gegensätzliche Gefühle und Bedürfnisse aufeinander prallen.

Unerfüllte Bedürfnisse lösen bei Kindern und Eltern negative Gefühle wie Wut, Ärger, Angst, Eifersucht, Enttäuschung, Trauer usw. aus. Hinter jedem Konflikt stecken also immer Gefühle.
Ist es dann verwunderlich, dass im Eifer des Gefechtes der Blutdruck steigt, die „Galle überläuft“ oder die „Haare zu Berge stehen“? Es ist völlig normal, dass es in unseren Familien schon mal ganz schön hoch hergeht, Türen geschlagen werden oder die Fetzen fliegen.

Auch wenn wir diese Momente mit Unbehagen oder gar mit Entsetzen erleben, Konflikte zwischen Eltern und Kindern gehören zum Wachsen, Erkunden und Lernen unbedingt dazu.

Wir leben in einer aggressionsscheuen Gesellschaft, in der Zurückhaltung, Selbstbeherrschung und Friedfertigkeit als positive Eigenschaften gewertet werden und von einer ausgereiften Persönlichkeit zeugen. Redlich bemüht, selbst diesem Idealbild zu genügen, erziehen wir unsere Kinder entsprechend. Allerdings werden dabei oftmals die aggressiven Gefühle durch Androhung von Strafe und das Einflößen von Schuld- und Schamgefühlen zurückgedrängt.

Bis in die Mitte des 20. Jahrhunderts spielten Gefühle in unserer Kultur eher eine untergeordnete Rolle, und die Ära, in der es hieß: „Jungen weinen nicht“ und „Mädchen sind nicht zornig“, ist gerade erst vorbei.

- Von uns wurde absoluter Gehorsam erwartet – wir erwarten von unseren Kindern, dass sie sich unbedingt an die Regeln halten.
- Von uns wurde erwartet, dass wir brav sind – wir erwarten von unseren Kindern, dass sie friedfertig sind.
- Von uns wurde erwartet, dass wir unsere Pflicht tun – wir erwarten von unseren Kindern, dass sie ihre Aufgaben gewissenhaft erledigen.

Manches hat sich schon geändert, und viele Erziehungsziele haben ihre Berechtigung. Mit Sensibilität, Klarheit und Besonnenheit müssen wir unsere Kinder in dem Prozess begleiten, ihre Gefühle wahrzunehmen und eigene Bedürfnisse zu artikulieren.

Die Familie ist also das beste Übungsfeld, um früh zu lernen, wie man eigene Gefühle wahrnimmt, seine Bedürfnisse artikuliert und damit zu einer konfliktfähigen Persönlichkeit heranreift.

Die Familie ist das beste Übungsfeld, um früh zu lernen, wie man eigene Gefühle wahrnimmt, seine Bedürfnisse artikuliert und damit zu einer konfliktfähigen Persönlichkeit heranreift.

Was sind Gefühle?

„Mama, ich habe ein Kribbeln im Bauch.“ Lea sitzt auf dem Sofa, hält ihren Teddy in den Armen und schaut versonnen auf einen kleinen Nikolaus. Jan-Phillip, der Junge von nebenan, hat ihr heute ein Päckchen geschenkt.

Anders ist es bei Steffen: Wutentbrannt klatscht er sein Brot auf den Tisch. Rote Marmeladenflecken kleben an der Wand, am Schrank und auf dem Boden. Der blinde Zorn ist ihm ins Gesicht geschrieben, und seine Erklärung für den Wutausbruch hört sich eher verzweifelt als überzeugend an: „Der Blödmann (sein großer Bruder) hat geschmatzt.“

Gefühle beherrschen unser Leben. Sie begleiten uns, während wir den Alltag erleben. In ihrer biologischen Form sind Gefühle körperliche

Reaktionen, die sehr angenehm und schön, aber auch negativ und schmerzhaft empfunden werden. Ihre Intensität schwankt zwischen kaum merklich und sehr stark.

Es gibt vier Grundgefühle: Wut, Furcht, Traurigkeit und Freude
Schon bei Säuglingen kann man klar abgegrenzte Gefühlsregungen in der Stimme und im Schreien erkennen: die unbändige Wut, die herzzerreißende Traurigkeit, der Angstschrei und die gurrende Freude.

Auch Kleinkinder haben noch keine Hemmungen, ihre Gefühle direkt und spontan auszudrücken. Negative Gefühle halten von daher auch nicht lange an. Ein Zweijähriger kann z.B. zufrieden mit seinen Autos spielen, im nächsten Moment wutentbrannt und laut schreiend hin-

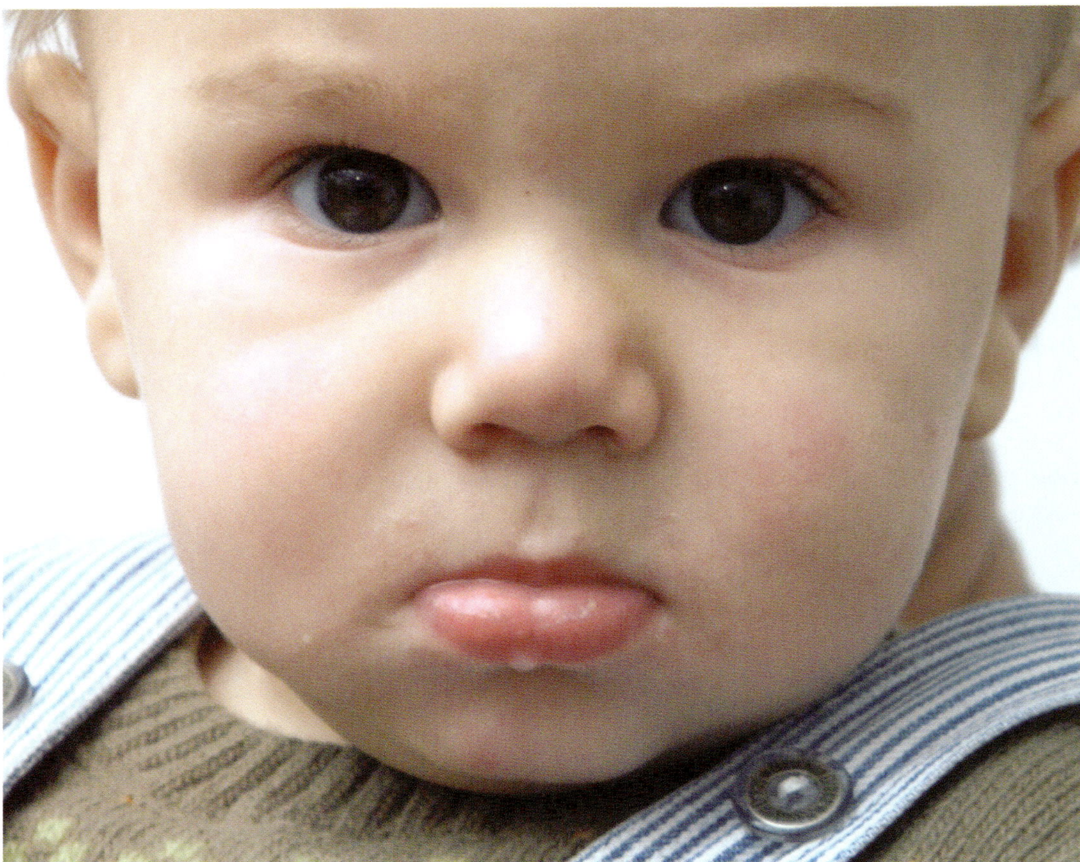

ter seiner großen Schwester herlaufen, weil diese sein Schmusetuch berührt hat, und einen Augenblick später über das ganze Gesicht strahlen, weil Papa von der Arbeit kommt.

Mit den Jahren muss ein Kind lernen, seine Gefühle so auszudrücken, dass die starken Energien, die diese Empfindungen auslösen, in konstruktive Bahnen gelenkt werden. Denn jedes Gefühl verfolgt auch immer ein bestimmtes Ziel. Wut empfinden wir, wenn wir unser Bedürfnis nach Freiheit und Unabhängigkeit ausleben wollen. Furcht haben wir, wenn wir unserem Leben Sicherheit und Geborgenheit geben wollen, und Traurigkeit kommt auf, wenn unser Bedürfnis nach Nähe und Vertrautheit verletzt ist.

Wenn wir unseren Kindern helfen, ihre Grundgefühle, nämlich Wut, Furcht und Traurigkeit anzunehmen und den Umgang mit ihnen zu lernen, dann schaffen wir die Voraussetzungen für ein selbstsicheres Leben. Kinder machen die Erfahrung, dass die Bewältigung von Krisen und Konflikten zu einem überwältigenden Gefühl der Freude und des Glücks führt. Wichtig ist, dass sie dabei ihre eigenen Erfahrungen machen durften und selbst maßgeblich zur Krisen- und Konfliktlösung beigetragen haben.

Kinder machen die Erfahrung, dass die Bewältigung von Krisen und Konflikten zu einem überwältigenden Gefühl der Freude und des Glücks führt.

Die Freude, das vierte Grundgefühl kommt also dann auf, wenn Wut, Furcht und Traurigkeit ausgelebt wurden. Freude zeigt an, was uns glücklich und zufrieden macht.

Wir fragen uns also:
Warum entstehen Gefühle wie Wut, Furcht und Traurigkeit, und wie können wir unseren Kindern helfen, mit ihren negativen Gefühlen umzugehen?

Das erste Grundgefühl: Wut
Schon zwischen dem zweiten und vierten Lebensjahr, in der so genannten Trotzphase, versuchen unsere Kinder, sich gegen Vater und Mutter abzugrenzen und selbstständig zu werden. Sie streben nach Autonomie. Aus der Symbiose mit den Eltern, dem „Wir" sollen ein „Ich" und ein „Du" werden. „Nein",„allein" und „selber machen" sind die Schlagworte, die für diese Abgrenzung stehen.
Die Symptome für diesen Entwicklungsprozess können ganz unterschiedlich sein: Bei manchen Kinder verläuft diese Phase völlig unspektakulär, andere steigern sich mitunter so in Rage, dass sie nicht

mehr ansprechbar sind. Es gibt aber auch eine Art stummen Trotz – wenn ein Kind sich zurückzieht und niemanden mehr an sich heranlässt.

Häufig äußert sich Trotz aber in typischen Wutausbrüchen: Die Kleinen schmeißen sich auf den Boden, machen sich steif, schreien sich die Lunge aus dem Leib und schlagen mit dem Kopf auf den Boden. Und das alles nur, weil Mama mal eben telefoniert, das Spielzeugauto falsch steht oder weil Papa den Anorak vom Haken genommen hat, obwohl das Kind das doch selber machen wollte.

Wie können wir unseren Kindern helfen, mit Wut umzugehen?
Was könnte unsere kleinen Trotzköpfe nur wieder beruhigen?
Sollen wir selber schreien? Gut zureden? Oder nachgeben und den Dingen ihren Lauf lassen?
Als Eltern können wir Trotz- und Wutausbrüche nicht verhindern. Aber wir können versuchen, diese Phase für uns und unsere Kinder weniger schmerzlich zu gestalten:

- ***Schaffen Sie Freiräume*** für Ihr Kind. Ein Kind braucht die Möglichkeit, seine Neugier zu befriedigen, die Welt zu erforschen und sich auszutoben. Lassen Sie Ihre Kinder möglichst viele Entscheidungen selber treffen.
- ***Haben sie Verständnis*** für die Not ihres Kindes, auch wenn sie nicht alle seine Wünsche erfüllen können und wollen.
- ***Verhandeln Sie*** mit Ihrem Kind. Schlagen Sie Kompromisse vor, bieten Sie Alternativen an, und wenn sie Nein sagen, dann erklären sie, warum. Ein Kind braucht das Gefühl, dass die Eltern es ernst nehmen und seinen Willen respektieren.
- ***Setzen Sie Grenzen.*** Grenzen sind notwendig, um Kinder vor Gefahren zu schützen, damit sie eine Orientierungshilfe für ihr Leben bekommen und um die legitimen Bedürfnisse der Eltern klarzumachen. Auf die Einhaltung von bestimmten Regeln sollten Sie dann aber auch konsequent achten.

Unsere Kinder können damit im Laufe ihres Lebens lernen, ihre Wut so auszudrücken, dass sie zwar Wirkung zeigt, andere aber nicht verletzt oder beleidigt.

Wut zu empfinden ist gut, sonst wären wir willenlos und den Launen anderer Leute ausgeliefert. Ohne Wut wären wir Sklave, Prellbock oder

Herdenvieh. Wut ist unser Antrieb zu persönlicher Freiheit und Selbsterhaltung.

Die wichtigsten Regeln im Umgang mit der Wut:[5]

- Helfen Sie Ihrem Kind, sobald es dazu in der Lage ist, seine Wut mit Worten und nicht mit Taten auszudrücken.
- Helfen Sie Ihrem Kind, seine Gefühle zu begründen. Sprechen Sie mit ihm und versuchen Sie zu verstehen, warum es wütend ist.
- Machen Sie Ihrem Kind bewusst, dass seine Gefühle ernst genommen werden, auch wenn nicht alle seine Wünsche erfüllt werden.
- Machen Sie Ihrem Kind klar, dass es kein akzeptabler Weg ist, andere Menschen zu schlagen oder Gegenstände zu zerstören. Überschüssige Wut kann man auch dadurch loswerden, dass man ein Kissen traktiert oder mit dem Ball gegen die Hauswand schießt.
- Helfen Sie Ihrem Kind, seine Wünsche und Bedürfnisse in Worten auszudrücken. Machen Sie Ihrem Kind klar, dass Quengeln zu nichts führt.
- Gehen Sie mit gutem Beispiel voran: Wenn Sie wütend sind, dann drücken Sie es deutlich aus. Man kann über Kinder ärgerlich sein, ohne sie zu demütigen. Drücken Sie laut und deutlich ihre Wut aus, bevor Sie von ihr beherrscht werden. Sagen Sie, was sie ärgerlich gemacht hat, und gehen Sie dann zur Tagesordnung über. So lernen die Kinder, dass man Wut ausdrücken kann und sie dann verraucht.

Das zweite Grundgefühl: Trauer

Am liebsten würden wir uns und unsere Kinder vor Trauer bewahren, denn wir haben Trauer als das Gefühl kennen gelernt, dass den größten Schmerz verursacht. Wir fühlen einen stechenden und bohrenden Schmerz, es „zerreißt uns das Herz".

Gegen Tränen anzukämpfen ist allerdings auch heute noch ein Zeichen von Tapferkeit und Stärke. „Indianer kennen keinen Schmerz" und „Ein richtiger Mann weint nicht" sind Aussprüche, mit denen wir groß geworden und die in unserem Denken tief verankert sind. Weinen gilt heute noch unter Kindern als peinlich, und wer dennoch weint, verunsichert die anderen oder ist eine „Heulsuse".

Abgesehen davon, dass Nichtweinen keineswegs stark macht, sondern zu inneren Verkrampfungen und Spannungen führt, tut es gut, sich einfach einmal auszuweinen, wenn die Traurigkeit überhand nimmt. Ab und zu die Tränen fließen zu lassen ist so natürlich wie das Atmen.

„In den 80er Jahren wurde entdeckt, dass während des Weinens Substanzen der Endorphin-Familie produziert werden, die Schmerzrezeptoren des Körpers blockieren. Während des schlimmsten seelischen Schmerzes wird der Körper so von anästhetischen Kräften durchflutet. Diese Endorphine sind sogar in den Tränen selber enthalten; ihnen wird eine Wirkung von Morphin zugeschrieben.“[6]

Wer nicht gelernt hat, den Schmerz zuzulassen und im Ernstfall den Prozess des Trauerns überspringt, steht in der Gefahr, seinen Lebensfluss zu blockieren. Sich nicht richtig freuen zu können ist manchmal ein Zeichen dafür, dass wir in schweren Zeiten die Augen verschlossen haben und das Trauern nicht zulassen konnten. Deshalb sollen unsere Kinder lernen, ab und zu die Tränen einfach laufen zu lassen. Weinen reinigt die Seele, und mit den Tränen kann die Traurigkeit sozusagen ausgeschieden werden.

Wie können wir unseren Kindern helfen, mit Trauer umzugehen?

Weinen reinigt die Seele, und mit den Tränen kann die Traurigkeit sozusagen ausgeschieden werden.

- ***Seien sie einfach da, wenn Sie merken, dass Ihr Kind traurig ist.***
  In diesem Moment sollten Sie nichts herunterspielen, nichts beschönigen und keine Erklärungen geben. Manche Kinder möchten einfach umarmt werden und drücken sich an uns. Andere möchten nicht berührt werden.
- ***Machen Sie Ihrem Kind Mut, die Trauer zuzulassen und die Tränen laufen zu lassen.***
  Je nach Situation können Sie dem Kind zusprechen: „Es ist schon in Ordnung, wenn du weinst“, „Anton war ein guter Freund von dir; er ist es wert, dass du jetzt traurig und enttäuscht bist.“

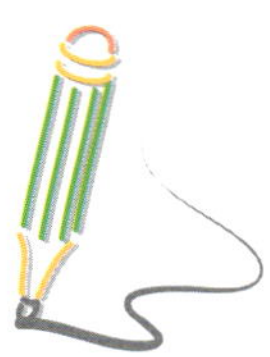

Das dritte Grundgefühl: Furcht

Auch Furcht und Angst sind lebenswichtig. Kinder müssen lernen innezuhalten, bevor sie in eine Gefahr hineinlaufen. Sie müssen lernen, bedrohliche Situationen zu erkennen und ihnen auszuweichen – im Straßenverkehr, auf dem Spielplatz und gegenüber überfreundlichen Menschen und auffälligen Personen.
Auf der anderen Seite kann zu viel Angst ein Kind in seiner Entwicklung hemmen. Schließlich sollen Kinder sich ihren Platz in der Familie und bei den Freunden erkämpfen, sich in der Schule zu Wort melden und ihre Bedürfnisse formulieren können. Sie sollen sich in

der Welt grundsätzlich sicher fühlen und dennoch die eigenen Grenzen beachten.

Furcht verfolgt zwei Ziele:

- ***Furcht sorgt für Konzentration.***
  Wenn dem Kind Gefahr droht (z.B. beim Spielen, Toben, im Haus, auf dem Spielplatz oder im Straßenverkehr) hört es auf, seinen Gedanken nachzuhängen und leichtsinnig zu sein.
- ***Furcht setzt Energie frei.***
  Es ist erstaunlich, wie schnell ein Kind laufen und wie hoch es springen kann, wenn ihm die Angst im Nacken sitzt.

Wie können wir unseren Kindern helfen, mit Furcht umzugehen?

Vier grundsätzliche Tipps:[7]

- ***Halten Sie sich an die Tatsachen.***
  Sprechen Sie mit Ihrem Kind über die Situationen, die gefährlich sind und vor denen sich ihr Kind fürchtet. Nehmen Sie sich Zeit und bleiben Sie mit Geduld beim Thema. Furcht wirkt wie eine Art Radar, der Gefahren aufspürt. Fragen Sie Ihre Kinder: „Was würdest du tun, wenn …?“, und spielen Sie Situationen gedanklich durch.
- ***Sprechen Sie über die Furcht.***
  Manche Kinder haben existenzielle Angst davor, dass eine Naturkatastrophe oder ein Krieg ausbrechen könnte. Sprechen Sie darüber und überlegen Sie gemeinsam, was passieren muss, damit Ihr Kind sich sicher fühlt.
- ***Sind die Ängste der Phantasie entsprungen, dann sagen Sie das Ihrem Kind.***
  Wenn Ihr Kind vor einem Ungeheuer Furcht hat, dann suchen Sie nicht das wilde Tier unter dem Bett. Bleiben Sie immer bei den Tatsachen.
- ***Ergründen Sie die Ursache für unterschwellige Furcht.***
  Wenn sich Ihr Kind dauerhaft ängstlich verhält, versuchen Sie durch aktives Zuhören herauszufinden, was es beunruhigt und warum es ihm so schwer fällt, davon zu erzählen.

Furcht und Angst lehrt unsere Kinder, ihre eigenen Grenzen zu erkennen und sich vor Übergriffen anderer zu schützen. Es ist allerdings eine Tatsache, dass viele Kinder die Erfahrung machen, dass Erwachsene, meist aus ihrer Umgebung, ihre Grenzen missachten. Körperliche Misshandlungen und sexueller Missbrauch sind die schlimmsten Formen dieser Grenzüberschreitungen.

Wie können Kinder vor Missbrauch geschützt werden?

Rund 16.000 Missbrauchsfälle werden in Deutschland jährlich gemeldet (die Dunkelziffer liegt nach Schätzungen bei 80.000 bis 150.000). Die meisten davon passieren dort, wo sich das Kind am sichersten fühlt: in der Familie oder ihrem nahen Umfeld – durch Onkel, Stiefväter, Opas, Lehrer, Trainer und andere Bekannte.
Man sollte seinem Kind dennoch kein übertriebenes Misstrauen einimpfen. Besser ist es, sie in ihrem Selbstwertgefühl und Körperbewusstsein zu stärken.

- Lassen Sie Ihr Kind über seinen Körper selbst bestimmen. Es muss selbst sagen dürfen, von wem es z.B. in welcher Form liebkost werden möchte.
- Nehmen Sie seine Gefühle ernst. Ein Kind soll weinen dürfen, wenn es sich weh getan hat oder sonstwie verletzt fühlt. Wut und Schmerz dürfen ausgedrückt werden. Fordern Sie keinen bedingungslosen Gehorsam. Mädchen und Jungen, die immer folgen müssen, lernen sich zu fügen, im Zweifelsfall auch dem Missbraucher.
- Üben Sie nie moralischen Druck aus, z.B. mit Sätzen wie: „Du willst doch nicht, dass ich traurig bin." Ein Kind, das sich für das Wohlbefinden von Erwachsenen zuständig fühlt, ist leicht unter Druck zu setzen.
- Vermeiden Sie Rollenklischees in der Erziehung. Dass die weitaus meisten Missbrauchsopfer Mädchen sind, hat auch damit zu tun, dass sie noch immer am ehesten der Rolle entsprechen, lieb, brav und anschmiegsam zu sein.
- Klären Sie Ihr Kind frühzeitig auf. Ein Viertel aller Opfer ist jünger als fünf Jahre. Täter können die Unwissenheit und Neugier eines nicht aufgeklärten Kindes leichter ausnutzen.
- Ermutigen Sie Ihr Kind, über belastende Geheimnisse zu reden. Kinder sollten den Unterschied zwischen guten und schlechten Geheimnissen kennen: Ein gutes Geheimnis ist wie ein Geschenk, es ist spannend, macht Freude und darf früher oder später verraten werden. Schlechte Geheimnisse dagegen machen Kummer und bedrücken. Sie weiterzuerzählen ist kein Verpetzen.[8]

Die „aufgesetzten“ Gefühle

Es gibt echte und unechte Gefühle. Normalerweise erkennen wir intuitiv den Unterschied zwischen einem echten Gefühlsausbruch und einer „aufgesetzten Variante“. Und wieder stehen wir vor der sensiblen Aufgabe, besonnen und klug auf unsere Kinder zu reagieren. Kinder machen nämlich die Erfahrung, dass sie mit Gefühlsäußerungen ganz bestimmte Reaktionen auslösen, und lernen schließlich, ein Gefühl auszuspielen, um ein gewünschtes Ziel zu erreichen.

Jedes Gefühl hat ein „falsches“ Gegenstück. In der Psychotherapie spricht man deshalb von den „aufgesetzten Gefühlen“.[9] Auf Kinder bezogen heißt das:

- Aufgesetzte Wut äußert sich als „Koller“.
- Aufgesetzte Traurigkeit äußert sich als Schmollen.
- Aufgesetzte Furcht äußert sich als Schüchternheit.

Der „Koller“

Mit etwa zwei Jahren sind Kinder zunehmend den Frustrationen des Alltags ausgesetzt. Ihrem Bewegungsdrang werden immer wieder Grenzen gesetzt, und ihre Bedürfnisse können nicht immer erfüllt werden. Sie müssen Geduld üben und sich ständig mit einem „Nein“ abfinden.
Wenn das Maß der Frustration voll ist, bekommen die Kinder einen „Anfall“. Passiert das zum ersten Mal, werden sie einfach von der Kraft der eigenen Wut hinweggespült und verhalten sich auf eine Weise, die weder das Kind noch die Eltern jemals zuvor erlebt haben. Von diesem Zeitpunkt an jedoch weiß das Kind genau, welche Macht hinter solchen Wutausbrüchen steckt und welcher Effekt dadurch bei den Erwachsenen ausgelöst wird.
Mama und Papa sind auf einmal völlig hilflos. Sie sind verlegen, erschrocken, nervös, und meistens geben sie dem

Kind dann das, was es will. So kann es passieren, dass der „Koller" erlernt und von den lieben Kleinen bewusst eingesetzt wird („Na, nun schau mal her, jetzt schreie ich mir gerade die Kehle aus dem Hals … Und jetzt noch ein bisschen auf den Boden werfen …, etwas spucken …, so ist's richtig!"). Schließlich werden Koller zum festen Bestandteil des Verhaltens-Repertoires.

Schluss mit dem „Koller"!

- ***Treffen sie einen festen Entschluss!***
  „Nie wieder wird mein Kind etwas bekommen, was es versucht, durch einen ‚Koller' zu erreichen."
- ***Entwickeln sie eine Taktik für den Ernstfall!***
  Experten empfehlen, sich einfach zu entfernen und das Kind zu ignorieren, solange der Anfall anhält.
- ***Ein „Koller" darf nicht ohne Konsequenzen vergehen!***
  Reden Sie mit Ihrem Kind, wenn es sich wieder beruhigt hat. Machen Sie ihm klar, dass Sie ärgerlich und wütend sind und dass es sich selbst damit in echte Schwierigkeiten gebracht hat. Schicken Sie Ihr Kind auf sein Zimmer, erteilen Sie Fernsehverbot oder noch besser, lassen Sie Ihr Kind die Konsequenzen seines Verhaltens spüren.
- ***Wehren sie den Anfängen!***
  Die meisten „Koller" kann man bereits im Ansatz erkennen. Behalten Sie Ihr Kind und vor allem sich selbst im Auge. Geben Sie Ihrer Stimme Nachdruck. Warten Sie nicht so lange, bis Sie richtig wütend sind. Tun Sie so, als ob Sie es schon sind, damit Ihr Kind gar nicht mehr zu äußern wagt, was es haben wollte!
- ***Planen Sie voraus!***
  Versuchen Sie, wenn möglich, „gefährliche" Situationen zu vermeiden.

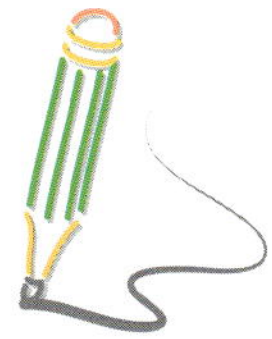

Ein Kind, dass trotzen durfte und dessen Willen gehört wurde und das gleichzeitig lernen musste, auf die Gefühle und Bedürfnisse seiner Mitmenschen Rücksicht zu nehmen, hat am Ende viel gelernt. Es weiß, dass es nicht allmächtig ist. Wenn es sein muss, kann es sich aber auch durchsetzen. Es akzeptiert, dass es neben seinen Wünschen auch noch die Bedürfnisse der anderen gibt. Es hat gelernt, Kompromisse zu schließen, sich anzupassen, Rücksicht zu nehmen und zu verzichten.

Ein Kind, das trotzen durfte und dessen Willen gehört wurde und das gleichzeitig lernen musste, auf die Gefühle und Bedürfnisse seiner Mitmenschen Rücksicht zu nehmen, hat am Ende viel gelernt.

Das Schmollen

Das ist ein Theater! Malte sitzt mit angezogenen Beinen auf der Küchenbank und guckt „wie sieben Tage Regenwetter". Das kann man wirklich nicht ignorieren, also fragt seine Mutter: „Was hast du denn?"

Malte gibt einen herzzerreißenden, lang anhaltenden Seufzer von sich: „Nichts."

Eltern von Schmollkindern machen die Erfahrung, dass gutes Zureden, Ablenken und Kompromisse-Vorschlagen nichts nützt. Waschechte Schmollkinder können über Stunden und Tage eine „Flappe ziehen" und ihr Leid demonstrieren. Erst wenn die Eltern weich werden und den Wünschen und Bedürfnissen des Kindes nachgeben, kann es wieder zur Tagesordnung übergehen.

Schmollen funktioniert nur, wenn zwei Voraussetzungen erfüllt sind: Die Eltern bekommen schnell ein Schuldgefühl, wenn sie ihrem Kind einen Wunsch oder einen Willen ausschlagen.

Das Kind hat gelernt, diese Schuldgefühle zum eigenen Vorteil auszunutzen.

Wenn wir einem schmollenden Kind Zuneigung und Aufmerksamkeit schenken, macht es eine einfache Rechnung auf: Zuneigung bekommt man dann, wenn man sich als Häufchen Elend darstellt.

Wir tun unseren Kindern keinen Gefallen, wenn wir auf ihr Schmollen mit Zuwendung reagieren, denn zum einen ist die Familie nicht die Welt – dort herrschen ganz andere Gesetzmäßigkeiten –, und zum anderen können Schmollende kein zufriedenes Leben führen.

Schluss mit dem Schmollen!

- ***Fragen Sie Ihr Kind: „Was willst du?“***
  Kinder können lernen, ihre Wünsche auszudrücken. Sie müssen nur etwas nachdenken und sich selbst darüber klar werden.
- ***Schenken Sie einem schmollenden Kind keine Aufmerksamkeit!***
  Sagen Sie Ihrem Kind, dass Sie es lieb haben und dass Ihnen viel an ihm liegt, und verlassen Sie dann einfach den Raum.
- ***Nicht alle Wünsche können erfüllt werden!***
  Das ist eine Tatsache, mit der sich Kinder abfinden müssen. Das müssen sie lernen.
- ***Reden Sie mit Ihrem Kind über das Schmollen!***
  Schmollende stehen sich selbst im Weg und führen auf Dauer kein zufriedenes Leben.

Das schüchterne Kind
Schüchternheit ist nicht etwa die gute Eigenschaft eines wohlerzogenen Kindes, sondern eine Falle, in der es gefangen ist und aus der es keinen Ausweg sieht.
Schüchterne Kinder wirken verunsichert, bewegen sich nur vorsichtig und machen einen ängstlichen Eindruck.

Ein Grund, weshalb Schüchternheit sich hartnäckig hält, ist, dass einige Erwachsene ihr zu viel Aufmerksamkeit schenken. Sie finden sie oft niedlich und liebenswert und machen manchmal eine regelrechte Show daraus, das Kind „aus sich herauszuholen“.

Kinder sollten Erwachsenen gegenüber nur dann Scheu an den Tag legen, wenn die Eltern nicht dabei sind oder wenn etwas nicht stimmt, z. B. wenn Spannung in der Luft liegt, Alkohol im Spiel ist oder wenn Erwachsene eine sexuelle Gefahr darstellen. Vor solchen Situationen sollten wir unsere Kinder ohnehin bewahren.

Schüchternheit ist immer ein Hinweis auf mangelndes Selbstvertrauen. Denn wer Selbstvertrauen besitzt und sich seiner Fähigkeiten bewusst ist, kann selbstständig handeln, ist bereit, neue Erfahrungen zu machen, kann mehr leisten und sich besser durchsetzen.

Wie entsteht Schüchternheit und was können wir tun, damit unsere Kinder unbefangen aus sich herausgehen?

Ob wir ein starkes Selbstvertrauen haben, hängt im Wesentlichen davon ab, wie sicher wir uns fühlen. Kinder können aus eigenem Antrieb eine ganze Menge leisten. Wenn man sie lässt, können sie dadurch ein starkes Ich-Gefühl entwickeln: „Das will ich! Das kann ich! Das bin ich!“, sind die Empfindungen, die unsere Kinder auf diesem Weg erleben. Gleichzeitig brauchen sie den Rückhalt und die Akzeptanz der Eltern, besonders dann, wenn sie an ihre Grenzen stoßen oder in Gefahr geraten. Schon kleine Sticheleien oder Gesten von Menschen, die ihnen wichtig sind, können sie tief verletzen. Das gilt für Kinder genauso wie für Erwachsene.

Schüchternheit entsteht, wenn ein Kind

- öfter dem Spott anderer Leute ausgesetzt ist.
- ständig gesagt bekommt, was es falsch gemacht hat, statt gelobt zu werden für das, was es gut gemacht hat.
- durch Schläge gedemütigt wird.
- überbehütet wird: wenn ihm nichts zugetraut wird, ihm aus Angst nichts erlaubt wird und es damit keine Gelegenheit bekommt, eigene Erfahrungen zu machen.

Eltern können viel dazu beitragen, damit Kinder ein starkes Selbstvertrauen entwickeln und sich sicher in der Welt bewegen können. Es ist allerdings immer ein Balanceakt zwischen Überbehüten und Alleinlassen. Die Kunst besteht also darin, loszulassen und dennoch stets emotional verfügbar zu sein, das heißt, seinem Kind das Gefühl zu geben: Ich bin immer für dich da, wenn du Hilfe brauchst.

Selbstvertrauen kann entstehen,

- wenn Sie Ihr Kind als eine individuelle und eigenständige Persönlichkeit ansehen.
- wenn Sie Ihr Kind loben, sobald Sie einen Grund zum Loben haben.
- wenn Sie die Leistungen Ihres Kindes anerkennen.
- wenn Sie sich einen Angstschrei verkneifen, auch wenn Ihr Kind auf einen Baum klettert oder ein Tablett voller Gläser balanciert.

Wenn sich die Schüchternheit hartnäckig hält und sich zu einem echten Problem für das Kind entwickelt hat, können Sie mit ihm eine ganz simple Übung machen:

1. Bestehen Sie darauf, dass Ihr Kind zur Begrüßung wenigstens „Hallo" sagt.
2. Achten Sie darauf, dass Ihr Kind dabei Augenkontakt herstellt.

Kinder brauchen Grenzen

Brauchen Kinder Grenzen? Unter Fachleuten ist das heute keine Frage mehr.

Diana Baumrind, eine angesehen Entwicklungspsychologin aus Berkeley in Kalifornien kommt zu dem Schluss: „Besonders selbstbewusst und kontrolliert, zufrieden, unternehmenslustig und unabhängig werden Kinder, deren Eltern einerseits klare Grenzen setzen, die aber gleichzeitig – trotz Anweisungen und Verboten – eine Atmosphäre menschlicher Wärme erleben.“[10]

Glückliche und zufriedene Kinder kommen oft aus Familien, wo eine gewisse Strenge und eine klare Ordnung herrschen. Das Geheimnis scheint darin zu liegen, dass diese Eltern vielleicht manchmal unangenehm konsequent, aber dadurch auch berechenbar sind.

Das überrascht mich immer wieder: Glückliche und zufriedene Kinder kommen oft aus Familien, wo eine gewisse Strenge und eine klare Ordnung herrschen. Das Geheimnis scheint darin zu liegen, dass diese Eltern vielleicht manchmal unangenehm konsequent, aber dadurch auch berechenbar sind.

Und immer wieder bin ich auch fassungslos: Kinder von besonders ruhigen und liebevollen Eltern sind oftmals unausstehlich, unzufrieden und unglücklich. Das Problem scheint in diesen Familien darin zu liegen, dass die Kinder tun und lassen können, was sie wollen.

Was passiert, wenn Kinder die Grenzen überschreiten?

Ob es nun die Lautstärke ist, die mit den Kindern in unseren Wohnungen Einzug genommen hat, der allabendliche „Ins-Bettgeh-Kampf“ oder der Schokoladenfleck auf Papas bester Hose – Eltern werden mit dem Tag der Geburt ihrer Kinder in ihrer Ruhe und Freiheit eingeschränkt.

Aber auch Eltern haben Bedürfnisse. Das zuzugeben fällt allerdings vielen Eltern (und besonders den Müttern) schwer. Sie räumen ihren Kindern eine Vormachtstellung in der Familie ein und sprechen liebevoll von dem kleinen „Tyrannen“, der zu Hause das Zepter in der Hand hat.

Früher oder später müssen diese Eltern feststellen, dass ihnen der Nachwuchs auf der Nase herumtanzt. Mit zunehmenden Alter benehmen sie sich so, als seien sie blind für die Bedürfnisse ihrer Umwelt. Sie stellen die Geduld ihrer Eltern auf die Probe und trampeln auf ihren Gefühlen herum. Am Ende sind die Eltern dann verbittert und fühlen tiefe Empörung über ihre „undankbaren“ und „selbstsüchtigen“ Kinder.

Schwache Eltern werten sich selbst ab:
- „Ich komme in der Familie immer zuletzt dran."
- „Ich muss die Kinder immer glücklich machen."
- „Ich darf die natürliche Kreativität der Kinder nicht beschränken."
- „Eigentlich bin ich ein Nichts, aber meine Kinder werden es später zu etwas bringen."
- „Mein(e) Partner(in) ist schon wichtig, aber nicht so wichtig wie die Kinder."
- „Das Leben ist ein Kampf."
- „Ich will nur meine Ruhe haben. Um des lieben Friedens willen gebe ich den Kindern, was sie wollen. Schade, dass es meist nicht lange vorhält."

Starke Eltern zählen etwas auf sich:
- „Ich bin genauso wichtig wie der Rest der Familie."
- „Die Kinder sind wichtig, aber sie müssen sich auch anderen anpassen."
- „Ich muss glücklich und gesund sein, um ein guter Vater/eine gute Mutter sein zu können."
- „Mein(e) Partner(in) und unsere Ehe sind sehr wichtig. Die Kinder kommen unmittelbar danach."
- „Das Leben ist eine Herausforderung und macht Spaß."
- „Manchmal bin ich müde, aber dennoch muss ich den Kindern zeigen, wer der Chef/die Chefin ist. Langfristig ist es einfacher, wenn sie wissen, wo es lang geht."[11]

Wann sind Grenzen notwendig?
Eigentlich möchten wir, dass sich unsere Kinder frei entfalten können und sich zu eigenständigen und kreativen Persönlichkeiten entwickeln. Deshalb fällt es uns auch so schwer zu akzeptieren, dass wir in der Erziehung Grenzen setzen müssen. Aber ist das denn ein Widerspruch? Es ist nämlich unheimlich anstrengend unseren Kindern alles zu erlauben: Ob es nun Papas heiß geliebter Hifi-Turm ist, der in Gefahr steht, unsachgemäß bedient zu werden, oder der Kaffeeklatsch bei der besten Freundin, der ständig von ohrenbetäubendem Lärm unterbrochen wird, oder das Zwergkaninchen im Stall, das nicht richtig versorgt wird. Alle diese Verhaltensweisen bedrohen die legitimen Bedürfnisse der Eltern. Grenzen sind also ein wesentlicher Bestandteil der Kindererziehung.

Somit stehen wir in unserem Familienalltag immer wieder vor der Frage:
Laufen lassen oder durchgreifen? Wann sind Grenzen notwendig?

Grenzen sind notwendig, wenn das Verhalten des Kindes
1. für sich selbst (für Leib und Seele) eine Gefahr darstellt.
2. nicht die Bedürfnisse der Menschen berücksichtigt, mit denen es zu tun hat.

Grenzen sind nicht starr, sie sind immer in Bewegung und müssen ständig neu definiert werden. Es ist eine Hilfe, wenn sich Eltern klar machen, welcher Typ ihr Kind ist. Es gibt quicklebendige, lebhafte Typen, die von Natur aus mehr Grenzen brauchen als die ruhigen und ängstlichen Kinder. Manche Kinder sind mit Worten nur schwer zu erreichen, andere reagieren schon auf die leiseste Warnung. Wenn Sie Ihr Kind genau beobachten, können Sie angemessen Grenzen setzen.

Grenzen müssen klar sein
Grundsätzlich sollten wir uns als Eltern immer wieder fragen:

- Was können wir unseren Kinder erlauben?
- Was ist uns wichtig?
- Wann kennen wir kein Pardon und wo kann man schon mal ein Auge zudrücken?

Grenzen setzen

1. Sagen Sie unmissverständlich, was Sie von Ihrem Kind wollen.
„Der Hifi-Turm ist sehr teuer gewesen. Ich möchte auf gar keinen Fall, dass du Musik machst, wenn ich nicht dabei bin!"
„Du machst jetzt wie vereinbart den Kaninchenstall sauber."
Machen Sie sich bewusst, dass Sie keine Bitte äußern. Sie stellen eine Forderung, zu der Sie ohne Zweifel berechtigt sind.

2. Stellen Sie Blickkontakt her.
Unterbrechen Sie, was Sie gerade tun und stellen Sie sicher, dass Ihr Kind hört, was Sie zu sagen haben.

3. Holen Sie sich eine Rückmeldung von Ihrem Kind.
„Hast du verstanden?"
Stellen Sie sicher, dass Sie ein „Ja" oder „Nein" zu hören bekommen.

4. Wiederholen Sie Ihre Anweisung.
Signalisieren Sie Ihrem Kind, dass Sie entschlossen sind, auf diesem Punkt zu bestehen und dass Sie sich auf keine Diskussion einlassen.

Und hier liegt der Schlüssel:
· Lassen Sie sich auf keine Diskussion ein.
· Regen Sie sich nicht auf.
· Wiederholen Sie einfach Ihre Anweisung.

5. Ganz wichtig: Bleiben Sie in der Nähe.
Geben Sie Ihrem Kind nicht die Gelegenheit, sich aus der Affäre zu ziehen. Wenn die Sache erledigt ist, machen Sie kein großes Aufheben, sagen Sie einfach freundlich „Okay" und gehen Sie zur Tagesordnung über.

„Puh", mögen manche Eltern jetzt sagen: „Bis ich mich damit durchsetze, habe ich die Sachen zehnmal selber erledigt." Aber die Mühe zahlt sich aus. Das Geheimnis des Erfolgs, sozusagen der Trick besteht einfach darin, nicht nachzugeben. Wenn die Kinder die Erfahrung machen, dass ein „Nein" auch wirklich „Nein" bedeutet und Eltern nicht nachgeben, nicht die Nerven verlieren und sich nicht ablenken lassen, dann reagieren sie beim nächsten Mal schon viel schneller.
Schon bald erkennen Ihre Kinder am Tonfall oder an einer bestimmten Körperhaltung das Signal: „Jetzt wird es ernst." Und alles läuft sehr viel konfliktfreier. Die Kinder werden Ihrer Anweisung nachkommen. Ist das nicht eine traumhafte Aussicht? Probieren Sie es aus!

Was hält Eltern davon ab, bestimmt und konsequent aufzutreten?

- Eltern haben Angst vor einem Konflikt.
  Sie fürchten, dass sie aus einem Machtkampf als Verlierer hervorgehen.
- Eltern lassen sich auf eine Diskussion ein.
  Dadurch gewinnen die Kinder Zeit und können von dem eigentlichen Anliegen ablenken.
- Eltern sind nicht konzentriert bei der Sache.
  Wenn sich das Kind unbeobachtet fühlt, kann es sich aus der Affäre ziehen.
- Eltern verlieren die Geduld.
  Sie bekommen einen Wutanfall und haben danach ein schlechtes Gewissen.

Grenzen müssen durchschaubar bleiben

Kinder sollten wissen, worauf sie sich verlassen können. Von daher sollten Regeln durchschaubar sein und Grenzen konsequent eingehalten werden.

Für den Erziehungsalltag bedeutet dies:

- ***Eltern sollten sich ihren Kindern gegenüber möglichst eindeutig verhalten.***
  Das heißt, sie reagieren nicht nach Lust und Laune, nicht mal so, mal so, sondern berechenbar.
  Es sollte nicht so sein, dass Phillip heute den CD-Player im Wohnzimmer benutzen darf und Papa am nächsten Tag genau deswegen einen Wutanfall bekommt.

- ***Eltern müssen konsequent sein, wenn sie ein unerwünschtes Verhalten beim Kind verändern oder abstellen möchten.***
  Auch wenn die Kinder ihr Verhalten nicht sofort ändern; bleiben Sie bei Ihrer Regel.
  Wenn Sie also möchten, dass alle Familienmitglieder im Flur die Schuhe ausziehen, dann sagen Sie das Ihren Kindern deutlich, und achten Sie konsequent auf die Einhaltung dieser Regel.

- ***Konsequent sein heißt, sich folgerichtig zu verhalten.***
  Folgerichtiges Verhalten bedeutet logisches Verhalten. Zugegeben, das klappt nicht immer. Denn kleine Kinder sind eventuell noch gar nicht in der Lage, die Folgen ihres Verhaltens abzusehen. Aber wann immer Sie mit logischen Folgen reagieren können, sollten Sie das auch tun. Logische Folgen enthalten kein moralisches Urteil und sind, anders als beim Strafen, keine Demonstration der elterlichen Macht.
  Folgerichtiges Verhalten ist z.B., wenn Sandra die „stibitzten“ Bonbons vom Taschengeld ersetzen und Max die verschüttete Milch ordentlich aufwischen muss.

Grundsätzlich sollten Sie sich als Eltern gut überlegen, welche Regeln in Ihren Familien gelten. Stecken Sie die Grenzen Ihrer Kinder möglichst weit. Denn einmal festgelegt sollten Sie sich als verlässliche Partner Ihrer Kinder auch an das halten, was Sie sagen.
Doch seien Sie nicht gnadenlos, seien Sie kein Pedant und lassen Sie Fünfe auch mal gerade sein. Wie heißt es so schön? Ausnahmen bestätigen die Regel!

Grundsätzlich sollten Sie sich als Eltern gut überlegen, welche Regeln in Ihren Familien gelten. Stecken Sie die Grenzen Ihrer Kinder möglichst weit.

Kapitel 3

Krach im Kinderzimmer

„Sie streiten wie die Besenbinder!“

„Das gehört mir!“, kreischt Tobias. Moritz steht mit geschwellter Brust vor seinem kleinen Bruder und wedelt triumphierend mit einem Comic in unerreichbarer Höhe. Und dann ein Schrei: „Mamaaah!!! Tobias hat mich getreten!“
Tobias weint. „Er hat angefangen!“
„Gar nicht wahr!“

Mit Frust und Resignation, manchmal auch mit Wut und Enttäuschung stehen wir vor unseren Kindern und wissen nicht, was wir noch tun sollen: selber draufhauen, den Frieden befehlen, mit Strafe drohen oder einfach kopfschüttelnd den Ort des Geschehens verlassen und den Dingen ihren Lauf lassen? Wir bemühen uns, jeden gleich zu behandeln, und doch ist mehrmals täglich die Hölle los. Oft haben wir das Gefühl, als ob die Attacke uns selber gälte, und reagieren unangemessen heftig.

Wir fragen uns, was wir nur falsch gemacht haben. Die ewigen Streitereien rauben uns den letzten Nerv, kosten unglaublich viel Kraft und können unsere Liebe und unser Verständnis auf eine harte Probe stellen.
Wer kennt das Gefühl nicht, das eigene Kind am liebsten schütteln oder zum Mond schießen zu wollen? Und manchmal ist es in der Tat das Beste, wir nehmen unseren Mantel, machen die Türe hinter uns zu und laufen erst einmal drei Runden um den Häuserblock, bis sich die Gemüter wieder beruhigt haben.

Wen wundert es, dass man über Geschwister sagt:
„Sie gönnen sich nicht die Butter vom Brot."
„Sie streiten sich wie die Besenbinder."
„Sie sind wie Katz und Maus."

Und dennoch: Diese Streitereien und Rivalitätskämpfe unter Geschwistern sind normal und für ihre Entwicklung von unschätzbarem Wert. Für die Kinder ist es ein wichtiges Lernfeld, um sich als einzigartige und selbstständige Persönlichkeiten zu entwickeln.

Wie man aus normalen (zankenden) Geschwistern friedliche macht, darum soll es in diesem Kapitel nicht gehen. Ich möchte Ihnen vielmehr zu mehr Gelassenheit Mut machen, Sie zum Nachdenken anregen und die positive Seite dieses Themas aufzeigen.

Weshalb streiten Geschwister?
Die Anlässe des geschwisterlichen Streites sind unzählig und meistens „aus der Luft gegriffen". Ein Junge geht in das Zimmer seines Bruders, hat ohne zu fragen dessen, Malstifte benutzt, ist pfeifend durchs Treppenhaus gegangen oder hat den letzten Jogurt gegessen.

Es geht um gar nichts, meinen wir Eltern, und doch, so scheint es manchmal, um alles. Wenn die Kinder sich hasserfüllte Blicke zuwerfen, sich lautstark die schlimmsten Schimpfwörter um die Ohren hauen, mit Gegenständen aufeinander losgehen oder mit aller Kraft die Lieblingspuppe der Schwester traktieren, sehen Eltern den Familienfrieden schwer erschüttert.

In solchen Augenblicken ist es an der Zeit, sich ganz bewusst an die schönen Augenblicke zu erinnern. Denken Sie daran, wie gut sich Ihre Kinder verbünden können, wenn es darum geht, eigene Interessen

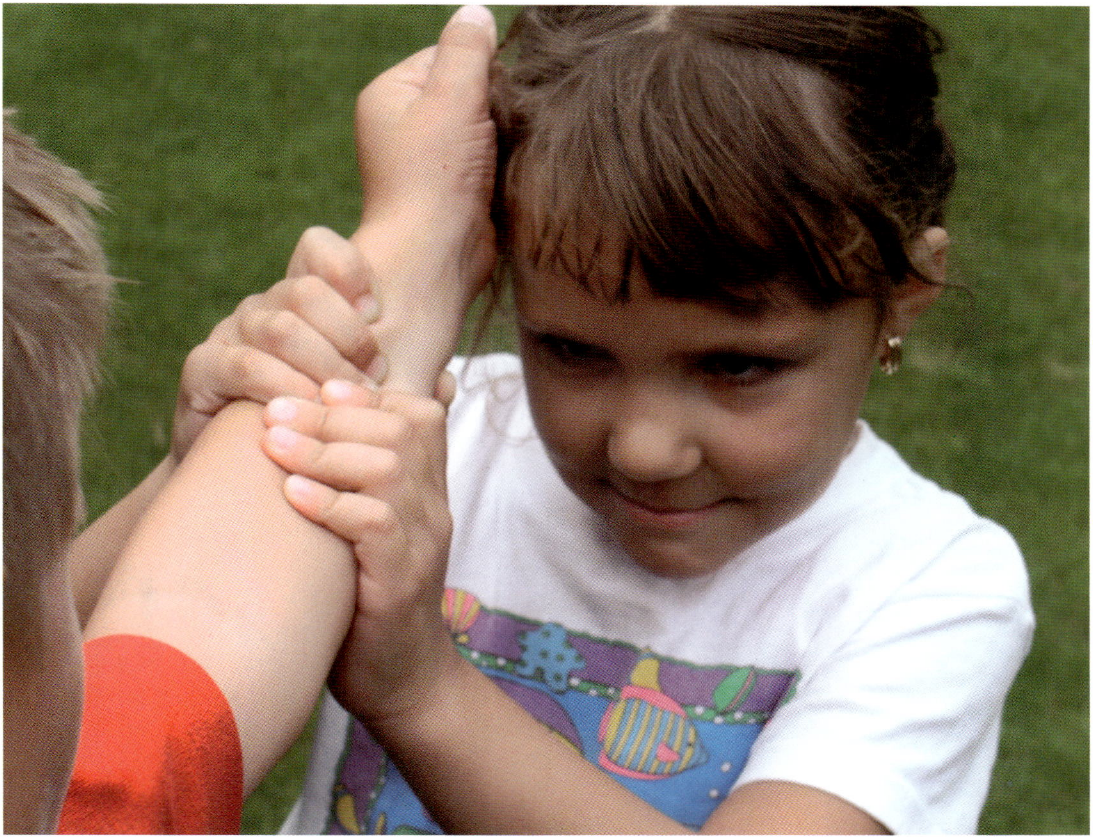

gegen die Eltern durchzusetzen. Wie viel Angst Leonie ausgestanden hat, als der kleine Bruder nachts einen Pseudo-Krupp-Anfall hatte. Wie selbstverständlich Fabian die Schwimmsachen für sich und seinen kleinen Bruder packt, wenn Sie selber noch alle Hände damit voll zu tun haben, die letzten Spuren vom Mittagessen zu beseitigen.

Worum streiten Geschwister?

Kinder streiten um die Aufmerksamkeit ihrer Eltern, um Privilegien und Besitz. Sie wollen die ungeteilte Zuwendung und die ganze Liebe ihrer Eltern, die ihnen, so scheint es, durch die bloße Anwesenheit von Geschwistern streitig gemacht wird. „Kinder rivalisieren um den Siegerpokal der elterlichen Liebe, den sie allerdings nicht in überquellender Fülle sehen, sondern als ein Gefäß endlichen Inhalts: Je größer der Schluck ist, den ein Geschwister daraus nimmt, desto weniger bleibt für die anderen übrig."[12]

Kinder streiten um die Aufmerksamkeit ihrer Eltern, um Privilegien und Besitz. Sie wollen die ungeteilte Zuwendung und die ganze Liebe ihrer Eltern, die ihnen, so scheint es, durch die bloße Anwesenheit von Geschwistern streitig gemacht wird.

Rivalitätskämpfe unter Geschwistern

Das Drama der alten Königin mit dem Spiegel an der Wand und der quälenden Frage: „Wer ist die Schönste im ganzen Land?“ spielt sich jeden Tag in unseren Kinderzimmern ab.
Pia kommt zerknirscht aus der Schule. „Ungenügend“, so steht es unter der Englischarbeit. Schadenfreude huscht über das Gesicht der kleinen Schwester. Sie beißt sich auf die Lippen, aber keine fünf Minuten sind vergangen, da kann sie es nicht mehr zurückhalten: „Du Mama, ich habe doch letztens eine Eins in der Rechenarbeit geschrieben. Das war die beste Arbeit der Klasse ...“ „Halt die Schnauze!“, keift Pia zurück. „In der Babyschule habe ich auch nur Einsen und Zweien geschrieben.“

Hinter all diesen Kämpfen um Liebe und Anerkennung, den Gefühlen von Eifersucht und Enttäuschung steckt die nackte Angst, ausgeschlossen zu sein und nicht genug geliebt zu werden.

Die Jüngeren beneiden die Älteren um ihre Privilegien, und das älteste Kind ist eifersüchtig auf das jüngste, dem weniger abverlangt wird. Hinter allen Streitigkeiten steckt meistens das, was man Geschwisterrivalität nennt: das Gefühl, um den besten Platz an Mamas und Papas Seite kämpfen zu müssen. Es ist der Kampf ums Überleben. Jedes Kind muss seinen Platz in der Familie finden, die eigene Position sichern und das Terrain immer wieder neu abstecken, um von den anderen nicht unterdrückt, überrollt und untergebuttert zu werden. Hinter all diesen Kämpfen um Liebe und Anerkennung, den Gefühlen von Eifersucht und Enttäuschung steckt die nackte Angst, ausgeschlossen zu sein und nicht genug geliebt zu werden.

Wie streiten Geschwister?

Sie streiten mit heruntergeklapptem Visier. Sie streiten sich erbarmungslos und grausam, aber eine Minute später sind sie schon wieder beste Freunde und gehen zur Tagesordnung über. Wir können dabei von unseren Kindern sogar noch etwas lernen: Sie erstarren nicht im Streit, tragen nicht nach und vergessen einfach wieder. Wir Erwachsene sind da anders: Wir schlucken runter, verharren im Ärger, giften uns böse an oder reden tagelang nicht mehr miteinander. Im Kinderzimmer läuft das anders, da gibt es Krach, da fliegen die Fetzen, aber es gibt keinen Kalten Krieg.

Hoch lebe der Geschwisterstreit!

„Warum haben wir uns nur die Mühe gemacht, ein zweites Kind in die Welt zu setzen?“, seufzen manche Eltern und beneiden die Ein-Kind-Familien. Da ist doch sicher vieles einfacher, ruhiger und friedlicher.

Eben drum! Einzelkindern fehlt die Auseinandersetzung mit den Geschwistern. Die können Freund oder Freundin aus der Nachbarschaft oder aus der Schule nur bedingt ersetzen. Eine Freundschaft ist weniger belastbar als die Beziehung unter Geschwistern. Ein Spielkamerad kann sich zurückziehen, ist nicht gezwungen, eine Lösung zu finden, und kann im schlimmsten Fall die Freundschaft auflösen.

Geschwisterkinder können sich nach Herzenslust streiten, ohne dass sie den endgültigen Bruch riskieren, und sie leben ihre Konkurrenz- und Neidgefühle hemmungslos aus.
Geschwister leben unter einem Dach, manchmal sogar im selben Zimmer, ohne dass sie es sich ausgesucht haben. Sie bewegen sich auf engstem Raum, aber auf einem sicheren Terrain. Sie können ihre gegensätzlichen Impulse ausleben, ohne Angst haben zu müssen, den anderen zu verlieren. Es gibt kein Ausweichen, kein Weglaufen und Entrinnen, also müssen sie sich der Situation stellen. Dabei sind Sieg und Niederlage nie von langer Dauer, die Karten werden jeden Tag neu gemischt.

Geschwisterkinder können sich nach Herzenslust streiten, ohne dass sie den endgültigen Bruch riskieren, und sie leben ihre Konkurrenz- und Neidgefühle hemmungslos aus.

Welche Bedeutung hat der Geschwisterstreit für die Entwicklung des Kindes?
Als Schwester und Bruder werden die Kinder in eine Gemeinschaft hineingeboren, in der sie ihre ersten Beziehungserfahrungen machen. Hier klärt sich das Verhältnis vom Ich zum Du, von Nähe und Distanz. Kinder sind auf der Suche nach ihrer eigenen Identität und wollen mal Verschmelzung, mal Ablösung. In rasantem Tempo werden die Seiten gewechselt zwischen Nähe und Distanz, zwischen Streiten und Vertragen. Mal sind sie wie Hund und Katze und im nächsten Augenblick schon wieder ein Herz und eine Seele.

Geschwister schaffen füreinander Stresssituationen, in denen sie ihr individuelles Selbstbewusstsein entwickeln. Auf dem Hintergrund von Vergleichen und der Erfahrung von Unter- und Überlegenheit schaffen sie Lernsituationen. Hier können sie sich in der Abgrenzung zum anderen erkennen und entwickeln, ihn nachahmen und alles ganz anders machen. Jedes Kind ist bestrebt, sich in der Familie zu positionieren. Die Älteren versuchen ihre Vormachtstellung auszubauen, und die jüngeren Geschwister sind fest entschlossen, ihnen diese Position streitig zu machen. In diesem Kampf rivalisieren die Geschwister um die Liebe der Eltern und müssen ständig eine neue Machtbalance schaffen.

„Beide Seiten arbeiten mit Drohungen und scheuen weder Spott noch Schikane, brüllen sich an, stellen sich an und prügeln sich, um ihre Position auszubauen und die anderen in Schach zu halten.“[13]

Den Aggressionen Raum geben

Ein Kind, das seine Gefühle frei äußern kann und darf, braucht mit Wut, Enttäuschung und Angst nicht hinter dem Berg zu halten. Ein gesundes Kind unterdrückt seine Rivalitätsgefühle nicht.

Ein Kind, das seine Gefühle frei äußern kann und darf, braucht mit Wut, Enttäuschung und Angst nicht hinter dem Berg zu halten. Ein gesundes Kind unterdrückt seine Rivalitätsgefühle nicht.
Wenn wir es als Eltern schaffen, diese Rivalitätskämpfe auszuhalten, und unseren Kindern erlauben, ihre Gefühle auszuleben, haben wir die Voraussetzungen für ein entwicklungsförderndes Umfeld geschaffen. Und wenn wir ihnen helfen, konstruktive Lösungswege für ihre Konflikte zu finden, steht einer guten Geschwisterbeziehung nichts mehr im Weg.
Ein Kind, das nicht wenigstens zu einem gewissen Grad Geschwisterrivalität zeigt, ist ein gehemmtes Kind. Durch „Seid doch vernünftig“-Parolen und „Du bist doch schon so groß“-Appelle stellen sich Eltern zwischen die Geschwister und verhindern ein gutes Verhältnis. Sie verletzen das eine Kind, indem sie Partei für das vermeintlich schwächere ergreifen.

Im Geschwisterkonflikt lernen die Kinder wirklich etwas fürs Leben. Ähnlich wie bei Konkurrenzsituationen im Beruf und beim Krach in der Ehe müssen die Beteiligten einen Lösungsweg finden. Hier wie da muss es zur Versöhnung kommen, weil sonst keiner in Frieden leben kann.

Geschwister haben viel voneinander:
Sie lernen zu streiten und sich wieder zu vertragen.
Sie sind gezwungen, Kompromisse zu suchen.
Sie stärken ihren Gerechtigkeitssinn.
Sie müssen teilen lernen.
Sie sind einander die schärfsten Kritiker.
Sie lernen, sich zu behaupten.
Sie sind gemeinsam nach außen stark.

Für uns Erwachsene haben diese Rivalität und das geschwisterliche Konkurrenzdenken einen bitteren Beigeschmack, und wir können die Spannungen und Konflikte nur schwer ertragen. Unser schlechtes Gefühl zeugt aber eher von Konfliktscheu als von der echten Boshaftigkeit, Niedertracht und Gemeinheit der Geschwister. „Vielen

Erwachsenen sind Konkurrenz- und Neidgefühle eher peinlich. Sie verbrämen ihr Wetteifern mit vielfältigen Verrenkungen, intrigieren eher, als dass sie die offene Auseinandersetzung suchen, oder leiden stumm und machen sich insgeheim bittere Vorwürfe."[14]

Bei unseren Kindern haben wir dagegen manchmal den Verdacht, dass das Raufen, Wetteifern und Streiten gar nicht der Ausdruck schlimmer Auseinandersetzungen ist, sondern den Geschwistern sogar geheimen Spaß bereitet. Etwas neidisch stellen wir vielleicht fest: Nie wieder kann man so hemmungslos raufen, schlagen, stänkern, schimpfen und schreien wie in diesem Alter. Mit Geschwistern macht das Streiten deshalb so viel Freude, weil man ihre Schwächen genau kennt und gnadenlos ausnutzen kann. Außerdem kann man mal so richtig hinlangen, ohne – wie im späteren Leben – ernsthafte Konsequenzen fürchten zu müssen.

Vom Sonnenschein und schwarzen Schaf

Wie Rollen entstehen

Den eigenen Platz in der Familie zu finden, gibt schon kleinen Kinder Sicherheit und Wertschätzung. „Eine Rolle zu übernehmen bedeutet: So bin ich – und so bin ich nicht.“[15]

Die Größe der Familie, das Geschlecht, der Rang in der Geschwisterfolge, die ausgesprochenen und unausgesprochenen Erwartungen der Eltern und die Atmosphäre in der Familie sind die Umstände, die bestimmen, welche Rollen die Geschwister spielen und welchen Platz sie in der Familie einnehmen. Rollen werden meistens nur einmal vergeben: Ist die Rolle des „süßen Engelchens“ schon besetzt, lässt der „sportliche Draufgänger“ nicht lange auf sich warten. Bekommt die große Schwester viel Lob für ihr zuvorkommendes Wesen, wissen die anderen Geschwister, dass auf diesem Platz nicht mehr viel zu holen ist.

Prinzen, Sandwich-Kinder und Nesthäkchen

Manche Forscher messen dem Rang in der Geschwisterreihe sehr viel Bedeutung zu. Sie halten es für charakterprägend, dass z.B.

- ein Erstgeborenes entthront wurde und das Gefühl, es sei ihm etwas weggenommen worden, sein Leben lang nicht los wird.
- ein mittleres Kind an zwei Fronten kämpfen, sich gegen ein älteres und ein jüngeres Geschwister behaupten muss.
- ein letztgeborenes Kind mit dem Nesthäkchen-Bonus aufwächst, weil die Eltern meist alles etwas lockerer sehen als noch beim ersten und nicht mehr so stark auf die Einhaltung der Regeln pochen.[16]

Sie sind ganz verschieden

Im Familienleben kann die Rollenfindung der Geschwister allerdings leicht zu Ungleichheit und Ungerechtigkeit führen – und darunter leidet die Beziehung der Geschwister. Durch eine allzu starre Rollenaufteilung in der Familie können Eifersucht und Neid unter den Geschwistern unnötig angefacht werden.

Durch eine allzu starre Rollenaufteilung in der Familie können Eifersucht und Neid unter den Geschwistern unnötig angefacht werden.

„Bleibt die Rolle starr, kann sie zur Zwangsjacke werden – der Raufbold, die Süße, der Kämpfer, die Sportskanone. Und auch wenn die Etiketten auf wirklichen Neigungen beruhen, führt die Rollenfestlegung oft zu einem ungesunden Wettbewerb.“[17]

Die Gefahr liegt nicht in der Rollenfindung, sondern in der Rollenfestlegung. Besonders wenn eine Rolle negativ besetzt ist, kann ein Kind in seiner Entwicklung gehemmt werden. Durch Rollenfestlegung wird ein Kind in seiner Lebensfreude beeinträchtigt, und es entsteht ein Gefühl der Unzulänglichkeit.
Sicher würden wir als Eltern immer betonen, dass wir alle Kinder gleich lieb haben. Und doch fühlen wir uns mal dem einen Kind stärker verbunden und tragen mit dem anderen besonders viele Konflikte aus und umgekehrt. Das eine Kind erinnert uns möglicherweise durch die ausgeprägte Nase an den verstorbenen Schwiegervater, und im anderen Fall erkennen wir in den Augen des Kindes vielleicht den geliebten Bruder wieder. Interessant ist, dass wir oft mit den Kindern, die uns besonders ähnlich sind, die stärksten Auseinandersetzungen haben.
Aber wie sehr uns die Eigenschaften und Temperamente unserer Kinder auch liegen oder gegen den Strich gehen – das sollten wir als Erwachsene nur untereinander besprechen und nicht den Kindern gegenüber äußern. Bewertungen und Vergleiche sind Gift für die gute Beziehung der Geschwister und greifen die Kinder in ihrem Selbstwertgefühl an. Es macht einen Unterschied, ob Geschwister wegen einer bestimmten Eigenschaft und für eine gewisse Zeit die Favoritenrolle einnehmen, oder ob in einer Familie ein Kind grundsätzlich das Lieblingskind ist und einem anderen Kind die Rolle des Querulanten zugeschrieben wird.

Schreiben Sie das Drehbuch um!

- ***Kein Kind darf im Schatten seiner Geschwister stehen.***
  Wenn ihm sein Bruder oder seine Schwester immer als leuchtendes Beispiel vor Augen gehalten wird, kann es nicht gedeihen.
- ***Jedes Kind kann nur an sich selbst gemessen werden.***
  Sagen Sie statt: „Dein Bruder kann schon viel besser Rad fahren“ besser: „Als wir letzte Woche geübt haben, bist du noch ganz schön wackelig gefahren. Und jetzt hast du sogar schon eine Kurve geschafft!“
- ***Kinder können eine Menge einstecken, wenn man sie ihre Erfahrungen machen lässt.***
  Ein Verlierer kann ja keiner bleiben, wenn er die Möglichkeit bekommt, auch mal zu gewinnen.

- ***Fördern Sie individuelle Neigungen und Interessen.*** Damit helfen Sie dem Selbstwertgefühl Ihres Kindes auf die Sprünge und ermuntern es, seinen eigenen Weg zu suchen.
- ***Kleine Menschen sind genauso verschieden wie große.*** Kein Mensch kann sich gute Eigenschaften vom anderen abschauen. Mit Wut im Bauch hat noch niemand gelernt, sich endlich alleine anzuziehen oder anständig mit Messer und Gabel zu essen.[18]

Begleitung ist wichtig

Entwicklungsstufen im Geschwisterstreit

Im alltäglichen Familienleben, wenn das Geschrei im Kinderzimmer besonders laut ist, kann es hilfreich sein zu verstehen, worüber unsere Kinder in verschiedenem Alter streiten.
Der amerikanische Kinderpsychiater John McDermott hat drei Entwicklungsstufen im Geschwisterstreit erkannt.

1. **Das Kleinkind** (bis 6 Jahre) verteidigt die Liebe der Eltern und den materiellen Besitz egoistisch und stur. Teilen ist ein Fremdwort und fast nicht möglich. Wir erleben unsere Kinder in dieser Phase als selbstsüchtige „Monster", die der Schwester und dem Bruder jedes Spielzeug aus der Hand reißen. In dieser Phase können sie einfach nicht verstehen, dass man die Liebe der Eltern teilen kann, ohne dass sie weniger wird.

2. **Das Schulkind** (7–10 Jahre) ist in der Phase des „aufgeklärten Eigeninteresses". Die Streithähne entdecken ein neues Prinzip: Um etwas zu bekommen, muss man auch etwas geben. „Wie du mir, so ich dir." Die Zeit der Verhandlungen bricht an. „Hier bahnt sich bereits an, was zum Fundament aller guten Beziehungen wird: Der geglückte Austausch bindet die Menschen aneinander. Gegenseitige Gefälligkeiten ebnen den Weg zum Waffenstillstand zwischen den Geschwistern."[19]

3. **Der Teenager** (ab 11 Jahre) geht noch einen Schritt weiter. In dieser Phase können sich die Geschwister auf einen demokratischen Prozess einlassen und treffen Vereinbarungen, an die sich die Beteiligten halten, auch wenn es ihnen nicht passt. Recht und Ordnung, Regeln und Vertrag stehen für Teenager ganz oben, wobei sich Fairness und Gerechtigkeit zu maßgeblichen Prinzipien herausbilden.

Mit Argusaugen überwachen Geschwister die Einhaltung getroffener Absprachen. Ältere Kinder handeln untereinander Strafen für den Fall aus, dass Absprachen nicht eingehalten werden – ganz von selbst.
In dieser Phase werden unsere Kinder zu echten Streitpartnern. Auch wenn die alte Rivalität immer mal wieder hochkocht, so tritt sie doch weniger in Erscheinung.

Die schlimmste Zeit der Geschwisterkämpfe sind also die ersten Jahre. Später klären sich die Positionen, und die Geschwister entwickeln sich zu individuellen Partnern im Interessenkonflikt. Die Spannungen und Streitereien nehmen immer mehr ab und weichen der Gleichrangigkeit und Fairness. Aus handfesten Auseinandersetzungen und Prügeleien werden lautstarke Wortgefechte und später echte Diskussionen.

Die schlimmste Zeit der Geschwisterkämpfe sind also die ersten Jahre. Später klären sich die Positionen, und die Geschwister entwickeln sich zu individuellen Partnern im Interessenkonflikt.

Raushalten oder einmischen?

Manchmal können wir uns selbst nicht mehr hören: „Jetzt hört doch mal auf, euch immer zu streiten!“ Wenn das nichts nützt: „Noch ein Wort und wir gehen heute nicht zu McDonalds!“ Bis wir letztendlich mit hochrotem Kopf schreien: „Jetzt raus, sonst raste ich aus!“

Aber durch unkontrolliertes Schreien und das „Ausrutschen“ der Hand schaden wir eher uns selbst, als dass wir bei unseren Kindern etwas erreichen.

Dabei brauchen unsere Kinder, besonders wenn sie klein sind, manchmal tatsächlich unsere Hilfe, weil sie alleine aus Streitsituationen nicht mehr herausfinden. Allerdings ist es nicht leicht, den richtigen Zeitpunkt zu erwischen. Wann soll man eingreifen? Beim ersten spitzen Schrei oder erst, wenn die Nase blutet?

Wann sollten Eltern eingreifen?

- Wenn Familienregeln verletzt werden,
- wenn der Streit zu eskalieren droht,
- wenn sie Zeugen einer bewussten Provokation werden,
- wenn Verletzungsgefahr droht.

Wenn die Familienregeln verletzt werden

Ob Sie sich in einen Streit einmischen oder raushalten, ist von Ihrem Fingerspitzengefühl und von den Regeln abhängig, die in Ihrer Familie gelten. Und diese Regeln können so unterschiedlich sein wie die verschiedenen Familien.

Welche Regeln Sie in ihren Familien aufstellen, ist Verhandlungssache. Manche Eltern finden es unerträglich, wenn Töchter sich an den Haaren ziehen, in anderen Familien ist nichts so verpönt wie das Spucken. Wichtig ist, dass die Regeln verständlich formuliert und überprüfbar sind. Vermeiden Sie nebulöse Formulierungen, wie: „Du musst vorsichtig mit deiner kleinen Schwester sein.“ Geben Sie klare Regeln vor, z.B.: „Du darfst das Baby niemals alleine aus dem Bettchen holen.“

Achten Sie darauf, dass unverletzbare Regeln auch im Streit konsequent eingehalten werden, egal, wer den Streit vom Zaun gebrochen hat.

Achten Sie darauf, dass unverletzbare Regeln auch im Streit konsequent eingehalten werden, egal, wer den Streit vom Zaun gebrochen hat.

Wenn der Streit zu eskalieren droht

Die Entscheidung, ob Sie sich in einen Streit einmischen oder nicht, ist von vielen Faktoren abhängig: Das Alter der Kinder, die Umgebung, die Beziehungskonstellation und nicht zuletzt Ihre eigene Belastbar-

keit spielen hierbei eine wichtige Rolle. Das Einzige, was sie bei jeder Art von Auseinandersetzung vermeiden sollten, ist die Eskalation.
Im Akutfall ist manchmal schnelles Handeln angesagt. Wenn beide Kinder am Bagger zerren, kann keiner damit spielen. Also weg damit. Wenn Jan und Simone am Tisch einen Streit vom Zaun brechen, kann keiner die Mahlzeit genießen. Also raus mit den beiden. Räumliches Trennen und ein beherztes Einschreiten sind wirksame Sofortmaßnahmen, die verhindern, dass es zur Eskalation kommt.

Wenn sie Zeugen einer bewussten Provokation werden

Wenn ein Kind bewusst provoziert und gleichzeitig weiß, dass Vater oder Mutter zuschauen, dann muss der Erwachsene Stellung beziehen. Achten Sie darauf, dass Sie sich ähnlich wie beim Petzen die Sachlage schildern lassen, ohne Partei zu ergreifen. Nutzen Sie die Gesprächsbereitschaft der Kinder, damit Sie selber eine Lösung finden. Spürt ein Kind, dass es beim Kampf um die Anerkennung und Liebe der Eltern den Kürzeren gezogen hat, kann es auch Bruder oder Schwester nicht wertschätzen. Ein echtes Vertrauensverhältnis zwischen den Geschwistern wächst deshalb nur, wenn sich die Eltern möglichst wenig einmischen.

Wenn Verletzungsgefahr droht

Im Eifer des Gefechtes oder wenn der Bogen überspannt wird, kann eine harmlose Auseinandersetzung in eine üble Schlägerei ausarten. Dann sollten Eltern eingreifen. Es muss allerdings nicht so weit kommen. Stellen Sie fürs Raufen klare Regeln auf, z.B.: kein mutwilliges Zerstören von Gegenständen, nicht mit spitzen Gegenständen schlagen, nicht mit Schuhen treten, nicht ins Gesicht spucken usw.

Kinder müssen lernen, im Umgang miteinander verschiedene „Gangarten“ einzulegen.

Kinder müssen lernen, im Umgang miteinander verschiedene „Gangarten“ einzulegen. Der Weg führt vom Prügeln übers Streiten zum Miteinander-Reden und letztendlich zum gegenseitigen Vertrauen. Eltern können einiges dazu beitragen, diese Auseinandersetzungen auf eine höhere Ebene zu verlagern. Allerdings stehen wir immer wieder in der Gefahr, unsere Erfahrungen einzubringen, Lösungen zu suchen und Partei für den vermeintlich Schwächeren zu ergreifen. Das kann mal passieren und ist ein verständlicher Weg, wenn es darum geht, eine schnelles Ergebnis herbeizuführen. Es darf aber nicht zum Regelfall werden. Wir Eltern müssen im Geschwisterstreit unparteiisch bleiben.

Mit den Kindern reden

Je älter die Kinder werden, desto besser kann man durch Reden in das Geschehen eingreifen. Vieles wendet sich zum Besseren, weil die Sprachfähigkeit wächst. Es lohnt sich, die Kinder immer wieder zum Gespräch zu ermutigen und anzuleiten, weil das in der Tiefe wirkt.
Die Streithähne zu trennen und die strittigen Gegenstände konsequent zu entfernen, sind zwar wirksame Sofortmaßnahmen, sie setzen aber eher an der Oberfläche an. In der Tiefe wirken oftmals Gefühle wie Wut, Eifersucht und Neid. Wir helfen und stärken unsere Kinder, wenn wir ihre Rivalitätskämpfe akzeptieren und sie ihre Gefühle wie Wut, Ent-

täuschung und Ärger frei äußern dürfen. „Schlechte Gefühle müssen erst einmal raus, damit die guten Platz haben.“[20]

Die Ursachen erforschen

Kinder müssen lernen, ihre Gefühle zu verstehen und Wege zu finden, wie sie mit ihnen umgehen können. Zunächst finden die Gespräche noch hauptsächlich zwischen Eltern und Kindern statt. Doch wenn Sie in Ihrer Familie eine Gesprächskultur leben, in der Gefühle offen ausgesprochen werden können, dann wirkt sich das auch auf die Kommunikation zwischen den Geschwistern aus.
Ist es allerdings so, dass die Feindseligkeiten ungewöhnlich lange andauern, muss man die Ursachen erforschen:

- Fühlt sich ein Kind immer ausgeschlossen? Fragen Sie sich: Warum?
- Fühlt sich ein Kind immer ungerecht behandelt? Erforschen Sie die Ursachen!
- Ist ein Kind besonders oft der Störenfried? Suchen Sie nach den Gründen!

Manchmal führen Geschwister stellvertretend Kämpfe gegeneinander aus, die auf Unstimmigkeiten und Konflikte der Eltern zurückzuführen sind. Sie spüren unbewusst Störungen und Aggressionen und reagieren empfindlich darauf. Es ist dann leichter, diese Aggressionen an Bruder und Schwester auszulassen, als sich mit den mächtigen Eltern auseinander zu setzen. Darum sind wir auch oft so tief betroffen, wenn Geschwister sich streiten. In uns schlummert die Angst, dass sie möglicherweise an unseren unterschwelligen Störungen und Spannungen leiden.

Manchmal führen Geschwister stellvertretend Kämpfe gegeneinander aus, die auf Unstimmigkeiten und Konflikte der Eltern zurückzuführen sind.

Geschwister – ein Geschenk fürs Leben

Die Tatsache, im selben Nest aufgewachsen zu sein, prägt das Leben der Geschwister ein Leben lang. Durch die Nähe entsteht eine große Vertrautheit zwischen den Geschwistern. Darin liegt die ungeheure Chance, sich in der Auseinandersetzung mit dem Anderen zu erkennen und zu entwickeln. Umgekehrt besteht aber auch die Gefahr der Verletzlichkeit, die mit der Nähe einhergeht.
„Doch was auch immer: nah oder fern, geliebt oder ungeliebt, sogar tot oder lebendig – Geschwister sind Teil ihrer Lebenserfahrung.“[21]
Nur selten kommt es vor, dass der Kontakt zu Geschwistern vollkommen abgebrochen wird.

Wir haben den Schlosssee ganz für uns alleine. Vor uns müssen schon andere Schlittschuhläufer auf dem See gewesen sein. Sie haben mit Schneeschieber und Besen die Eisfläche vom Neuschnee befreit und eine Bahn gebaut.
Ich bin noch unschlüssig, ob ich meine Schlittschuhe anziehen soll oder nicht. Ich stehe am Rand und schaue meinem Mann und unseren drei Kindern zu, wie sie über den See gleiten. Sie genießen es, die Eisfläche ganz für sich alleine zu haben. Sie laufen um die Wette, jagen sich gegenseitig, machen Kunststücke und lassen sich ausgelassen in den Schnee fallen. In solchen Augenblicken wird es mir ganz warm ums Herz. Wenn sie sich auch oft wie die Besenbinder streiten, jetzt sind sie ein Herz und eine Seele.

Wenn Sie die Ursachen für die Konflikte in Ihrer Familie entdecken, typische Verhaltensweisen erkennen und langfristig gute Gelegenheiten für ein gutes Miteinander schaffen, haben Sie viel für ihre Kinder und ihr Geschwistersein getan. Und die Mühe lohnt sich. Die Rollen verändern sich, und entsprechend der Entwicklungsphase können Geschwister mit etwas Glück in ihrer Verschiedenheit ein Netz knüpfen, das fürs ganze Leben trägt. Und vielleicht sagen Ihre Kinder in ein paar Jahren: „Früher haben wir uns ständig gestritten – heute verstehen wir uns super.“

Kapitel 4

Mit Kindern reden – Kommunikation in der Familie

Die beste Basis für eine vertrauensvolle Beziehung

Das sind doch echte Sternstunden: beim Abendessen, wenn sich die Familie die Erlebnisse des Tages gegenseitig erzählt; beim Zu-Bett-Gehen, wenn Julia Mama noch einmal fest in den Arm nimmt und endlich sagen kann, was sie schon den ganzen Tag bedrückt hat; oder zwischen Kochtopf und Spüle, wenn Jan mit Funkeln in den Augen und mit viel Gestik davon berichtet, wie ungerecht der Lehrer heute mit seinem Freund Kevin umgegangen ist.

Dass das Leben kein Kinderspiel ist, ist eine Erfahrung, die nicht nur uns Erwachsen manchmal schwer zu schaffen macht. Auch unsere Kinder stoßen im Laufe ihres Lebens auf Situationen, die enttäuschend, frustrierend und schmerzlich sind. Sie haben Probleme in der Schule, mit den Freunden, ihren Eltern, ihren Geschwistern oder ganz einfach mit sich selber.

Steffi lehnt sich behaglich in ihren Sessel zurück, schlägt die Beine übereinander und stößt einen tiefen Seufzer aus: „Es tut richtig gut, über das zu sprechen, was mich wirklich beschäftigt. Auf einmal sieht alles viel leichter aus."
Annette, die Freizeitleiterin, schaut auf die Uhr und ist selber überrascht. Haben sie wirklich zwei Stunden miteinander geredet?
„Mit meinen Eltern könnte ich niemals über diese Dinge sprechen", fügt Steffi noch melancholisch hinzu.

Warum eigentlich nicht?
Warum erfahren Eltern so wenig von dem, was Kinder erleben?
Warum lehnen es Kinder ab, mit ihren Eltern über das zu sprechen, was ihnen wirklich Kummer macht?
Warum vertrauen sich Kinder eher einem fremden Erwachsenen an, als den eigenen Eltern?

Es ist offensichtlich: Wenn wir eine lebendige und innige Beziehung zu unseren Kindern aufbauen wollen, müssen wir mit ihnen reden. Das Gespräch ist die beste Möglichkeit, mehr über ihre Gefühle und ihre Lebenswelt zu erfahren. Und Vertrauen ist das beste Fundament für eine gute Beziehung zwischen Eltern und Kindern, eine Beziehung, die ein Leben lang halten und in schweren Zeiten tragen soll.

Allerdings tragen wir als Eltern oftmals durch unser Verhalten dazu bei, dass die Kommunikation zwischen uns und unseren Kindern empfindlich gestört wird:

- Wir denken, dass wir die Verantwortung für das Leben unserer Kinder tragen.
- Wir meinen alles besser zu wissen.
- Wir meinen zu wissen, was gut für unser Kind ist.
- Wir haben Angst, dass unser Kind vom „rechten Weg" abkommt.
- Wir haben genaue Vorstellungen von dem, wie unser Kind zu sein hat.

Ich möchte Sie einladen, einmal genau hinzugucken und sich zu fragen:
Wie laufen die Gespräche zwischen Ihnen und Ihren Kindern ab?
Wie reagieren Sie auf das, was Ihr Kind Ihnen erzählt?

Die „Typischen Zwölf“

Grundsätzlich ist es so, dass Kinder und Jugendliche über das reden möchten, was sie bewegt oder gar bedrückt. Ob ein Gespräch allerdings konstruktiv für das Kind und die Beziehung ist oder ob es destruktiv verläuft, ist davon abhängig, was Sie erwidern und wie Sie das Gespräch führen. Leider ist es erwiesenermaßen so, dass die meisten Reaktionen der Eltern eher destruktiv wirken.

Wenn Sie mehr darüber erfahren möchten, wie Sie eine intensive und vertrauensvolle Beziehung zu Ihren Kindern aufbauen können, sollten Sie sich zunächst einmal ganz genau ansehen, was Sie vermeiden sollten und welche Äußerungen geradezu eine Mauer zwischen Ihnen und Ihren Kindern entstehen lassen.
Thomas Gordon spricht in seinem Buch „Familienkonferenz“ von den zwölf typischen Erwiderungen, die ein Gespräch sofort im Keim ersticken können.

Überlegen Sie mal, wie diese Reaktionen auf Kinder wirken.

Die „Typischen Zwölf"[22]

1. ***Befehlen, anordnen, kommandieren***
   „Es ist mir egal, was andere von uns denken. Hier herrschen unsere Regeln und daran hast du dich zu halten."
2. ***Warnen, ermahnen, drohen***
   „Wenn du das tust, dann hast du ein Problem mit mir!"
3. ***Zureden, moralisieren, predigen***
   „Du musst dich in der Schule besser konzentrieren. Das ist nur zu deinem eigenen Nutzen."
   „Du sollst …"
4. ***Beraten, Lösungen geben, Vorschläge machen***
   „Das Beste ist, du gehst jetzt zu Steffen und besprichst das Problem mit ihm."
   „Ich sehe das so …"
5. ***Vorhaltungen machen, belehren, logische Argumente anführen***
   „Kinder müssen lernen, zu Hause Verantwortung zu übernehmen, dann kommen sie später leichter durchs Leben."
6. ***Urteilen, kritisieren, widersprechen, beschuldigen***
   „ Das sehe ich ganz anders."
   „Da hast du einen Fehler gemacht."
7. ***Loben, zustimmen***
   „Du hast die Fähigkeiten, diese Schule zu schaffen."
   „Das hast du doch toll gemacht."
8. ***Beschimpfen, lächerlich machen, beschämen***
   „Jetzt hör mal zu, Frau Naseweiß."
   „Du bist ein alter Stinkstiefel."
9. ***Interpretieren, analysieren, diagnostizieren***
   „Du fühlst dich nur wieder ungerecht behandelt."
10. ***Beruhigen, trösten, unterstützen***
    „Jetzt schlaf erst mal drüber. Morgen sieht die Welt schon anders aus."
11. ***Forschen, fragen, verhören***
    „Warum tust du das?"
    „Seit wann hast du dieses Gefühl?"
12. ***Zurückziehen, ablenken, aufheitern, zerstreuen***
    „Lass uns später in Ruhe darüber reden."

Auf den ersten Blick wirken manche Erwiderungen durchaus positiv. Beraten, trösten, loben, beruhigen sind Ausdrucksformen, die in der Erziehung genauso ihren Platz haben sollten, wie tadeln, kritisieren, ermahnen. Und manchmal ist ja wohl durchaus unser analytischer Menschenverstand gefragt.

Um zu verstehen, welche blockierende Wirkung die „Typischen Zwölf" dennoch auf die Eltern-Kind-Gespräche haben können, muss man wissen, dass verbale Äußerungen mehr als nur *eine* Botschaft beinhalten. Wenn Sie also *zu* Ihrem Kind sprechen, sagen Sie damit auch etwas *über* Ihr Kind als Person und somit über die Beziehung zwischen Ihnen und ihm. Jede Botschaft sagt immer auch etwas darüber aus, was Sie von ihm denken und wie Sie es als Person sehen.

Ein Beispiel:

Sie sagen: „Jetzt schlaf erst mal drüber, morgen sieht die Welt anders aus." (beruhigen, trösten)

Ihr Kind hört: „Du hast keine Zeit für mich."
„Ich bin nicht wichtig. Andere Dinge sind wichtiger als ich."
„Du nimmst mich nicht ernst."
„Es ist dir egal, was ich empfinde."

Destruktive Wirkungen der „Typischen Zwölf"

- Eltern nehmen sich für das Zuhören nicht genug Zeit.
- Kinder fühlen sich in der Defensive.
- Kinder fühlen sich schuldig.
- Kinder müssen sich verteidigen.
- Kinder haben das Gefühl, nicht verstanden zu werden.
- Kinder haben das Gefühl, überbehütet zu werden.

Wenn Sie zu Ihrem Kind sprechen, sagen Sie damit auch etwas über Ihr Kind als Person und somit über die Beziehung zwischen Ihnen und ihm.

In der Folge ziehen unsere Kinder sich zurück; das Gespräch wird nur noch einseitig von uns als Eltern geführt. Besonders schade ist es, dass unsere Kinder nicht dazu kommen, zum Kern der Sache vorzustoßen, weil das Gespräch vorzeitig zu Ende ist.

Einfache „Türöffner"

Was muss passieren, damit Kinder über sich und ihre Gefühle sprechen? Wir müssen einfach zuhören. Das ist oft wirksamer als die beste pädagogische Methode. Wenn wir uns zurückhalten und nicht jeden Schmerz sofort „zupflastern", können wir Zugang zu den inneren Gefühlen und zur Lebenswelt unserer Kinder gewinnen.
Zunächst einmal gibt es ganz einfache und wirksame Äußerungen, die ein Kind einladen, über das zu sprechen, was es bewegt oder was ihm zu schaffen macht. Es sind Erwiderungen, die keine persönlichen Gedanken, Urteile oder Gefühle des Zuhörers übermitteln, sondern das Kind dazu auffordern, den Erwachsenen an seinen Gedanken, Urteilen und Empfindungen teilhaben zu lassen. Sie „öffnen die Tür" und fordern zum Sprechen auf.

Einfache Türöffner[23]
- „Hmhm."
- „Aha."
- „Tatsächlich."
- „Wirklich?"
- „Interessant – erzähl mir davon!"
- „Deine Meinung würde mich interessieren."
- „Möchtest du darüber sprechen?"
- „Schieß los, ich höre."

Diese „Türöffner" oder Aufforderungen zum Sprechen ebnen den Weg und ermuntern unsere Kinder, mit dem Erzählen anzufangen oder weiterzureden. „Diese Äußerungen halten Ihre eigenen Empfindungen und Gedanken aus dem Kommunikationsprozess heraus. Die Erwiderungen von Kindern und Jugendlichen auf diese einfachen Türöffner werden die Eltern überraschen. Die Kinder fühlen sich ermuntert, näher zu kommen, sich zu öffnen und schütten ihre Gedanken und Empfindungen buchstäblich vor Ihnen aus. Nicht anders als Erwachsene wollen Jugendliche gerne sprechen und tun es gewöhnlich, wenn sie jemand dazu auffordert."[24]

Die konstruktive Wirkung der „Türöffner"
- „Ich achte dich als eigenständige Person."
- „Ich nehme deine Gedanken und Gefühle ernst."
- „Es ist okay, wenn du negative Gefühle hast."
- „Du interessierst mich, ich möchte dich besser kennen lernen."

Es ist ein gutes Gefühl für unsere Kinder, wenn sie sich geschätzt, geachtet, wertvoll und interessant fühlen. Öffnen Sie die Tür und machen Sie Platz für die Ausdrucksstärke und das Mitteilungsbedürfnis Ihrer Kinder. Dabei können Sie viel von ihnen lernen und schaffen ein gutes Fundament für Zeiten, in denen echte Krisen und Konflikte aufkommen.

Aktives Zuhören

Manchmal reichen das passive Zuhören (Schweigen) oder die einfachen „Türöffner" nicht aus, damit unsere Kinder über das reden können, was sie wirklich bewegt, was ihre Gefühle sind und was ihnen Kummer macht.
Beim aktiven Zuhören versuchen Sie als Eltern zu verstehen, was Ihr Kind empfindet oder was seine Botschaft bedeutet. Darauf formulieren Sie seine Bedürfnisse mit eigenen Worten, entschlüsseln damit die eigentliche Nachricht und geben Sie als Rückmeldung an Ihr Kind zurück – nicht mehr und nicht weniger. Kein Urteil, kein Rat, keine Gegenargumente.
Die Rückmeldung ist ganz wichtig, damit die Richtigkeit der Entschlüsselung überprüft werden kann. Verschlüsselte Botschaften können nämlich ganz unterschiedliche Bedürfnisse zum Ausdruck bringen.

Hier ein Beispiel:

Verschlüsselte Botschaft:	„Ich habe heute keine Lust, draußen zu spielen."
Entschlüsselte Rückmeldungen:	„Du möchtest die Zeit lieber zum Lernen nutzen, weil du bald eine Mathearbeit schreibst." „Du hast dich heute Morgen in der Schule über Malte geärgert und gehst ihm jetzt lieber aus dem Weg." „Ist es dir heute draußen zu heiß?"

Unsere Kinder wissen oft selber nicht, was sie bedrückt. Sie spüren, dass etwas nicht in Ordnung ist, und möchten darüber sprechen. Da sie nicht mitteilen können, was tatsächlich in ihnen vorgeht, schicken sie verschlüsselte Botschaften.

Machen Sie Ihre Ohren spitz, damit Sie die „Ich-habe-ein-Problem-Botschaften" Ihrer Kinder nicht überhören. Es ist nämlich in der Regel nicht so, dass Ihre Kinder in entspannter Atmosphäre und zum richtigen Zeitpunkt mit ihren Problemen zu Ihnen kommen. Es ist vielmehr so, dass unsere Kinder oft selber nicht wissen, was sie bedrückt. Sie spüren, dass etwas nicht in Ordnung ist, und möchten darüber sprechen. Da sie nicht mitteilen können, was tatsächlich in ihnen vorgeht, schicken sie verschlüsselte Botschaften.

Um besser verstehen zu können, wie aktives Zuhören funktioniert, möchte ich an dieser Stelle kurz darlegen, was in diesem Kommunikationsprozess zwischen Eltern und Kindern passiert:

Aktives Zuhören[25]

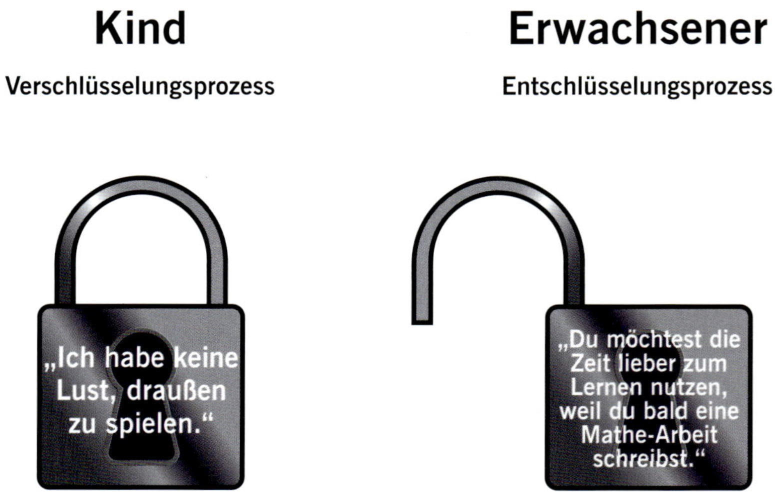

1. Ein Kind hat Sorgen in der Schule. „Ich habe den Stoff für die Klassenarbeit noch nicht kapiert".

2. Da das Kind nicht in der Lage ist, seine Sorgen direkt mitzuteilen, sendet es ein Signal, von dem es meint, es könnte für den Empfänger (die Eltern) „Ich habe Sorgen" bedeuten. Die Botschaft wird verschlüsselt: „Ich habe keine Lust, draußen zu spielen."

3. Als Empfänger müssen die Eltern das in einem Entschlüsselungsprozess verarbeiten, damit sie die Botschaft im Sinne dessen verstehen, was in dem Kind vorgeht: „Du möchtest die Zeit zum Lernen nutzen, weil du bald eine Mathearbeit schreibst."

4. Das Kind meldet dann den Eltern zurück, ob die Botschaft richtig entschlüsselt ist: „Ja, ich habe die Aufgaben, die in der Mathearbeit vorkommen, noch nicht kapiert."
   Oder „Nein, ich habe mich heute Morgen mit Malte gestritten und will ihn jetzt nicht sehen."
   Oder: „Nein, mir ist es einfach zu heiß da draußen."

Die Methode des Aktiven Zuhörens sollte allerdings nicht in jeder Alltagssituation angewendet werden. Sie ist vielmehr ein wirkungsvolles Mittel, wenn wir mit unseren Kindern ins Gespräch kommen wollen, wenn wir an ihren Gedanken und Gefühlen teilhaben möchten. Das Aktive Zuhören ist keine geeignete Methode, wenn zwischen Ihnen und Ihrem Kind ein aktueller Konflikt besteht oder wenn das Verhalten ihres Kindes ein Problem für Sie darstellt. Aktives Zuhören ist nur angebracht und hilfreich, wenn das Kind ein Problem hat und die Eltern außen vor sind, z. B. wenn

- Sascha nicht weiß, was er machen soll, wenn er demnächst die Schule abgeschlossen hat.
- Caroline enttäuscht ist, weil keine Freundin Zeit für sie hat.
- Linda traurig ist, weil ihr Freund Schluss gemacht hat.
- Fred wütend ist, weil er nicht in der 1. Mannschaft beim Fußball mitspielen darf.

Zugegeben, das Aktive Zuhören ruft bei manchen Eltern Abwehr hervor:
„Das ist nicht normal. Das finde ich unnatürlich."
„Meine Kinder würden sich wundern, wenn ich so mit ihnen reden würde."
„Was soll das bringen?"

Das sind verständliche Reaktionen, denn wir sind zu sehr daran gewöhnt, eine Standpauke zu halten, Druck auszuüben, das Verhalten unserer Kinder zu beurteilen oder auch ermahnend und beruhigend auf sie einzureden. Aber unsere Kinder senden sehr viele verschlüsselte Botschaften. Und manchmal bedeuten diese Botschaften, dass

Beim aktiven Zuhören kommt es darauf an, dass wir das, was unsere Kinder sagen, verstehen, ohne zu werten, ohne zu beurteilen und ohne zu verurteilen.

sich das Kind mit einem tieferen Problem auseinander setzt. Aktives Zuhören gibt uns die Möglichkeit, uns einzuschalten, dem Kind zu helfen, selbst sein Problem zu definieren und den Prozess des Problemlösens im Kind in Gang zu setzen.
Beim aktiven Zuhören kommt es darauf an, dass wir das, was unsere Kinder sagen, verstehen, ohne zu werten, ohne zu beurteilen und ohne zu verurteilen. Wenn sich unsere Kinder bei uns sicher und verstanden fühlen, können sie alles, was sie bewegt und bedrückt, aussprechen. Sie müssen dann keine Angst mehr haben und nichts verheimlichen.

Die konstruktive Wirkung des aktiven Zuhörens
- Kinder müssen keine Angst mehr vor negativen Gefühlen haben.
- Es entsteht eine herzliche, vertrauensvolle Eltern-Kind-Beziehung.
- Durch das aktive Zuhören können Kinder die eigenen Probleme durchdenken und Lösungen finden.
- Durch das Gespräch entsteht bei den Kindern die Bereitschaft, auch den Eltern zuzuhören.
- Kinder werden in ihrer Verantwortung gestärkt, sie dürfen selber bestimmen, wie das Gespräch verläuft.

Unsere Sprache prägt die Seele unserer Kinder
Beim Aktiven Zuhören handelt es sich nicht um eine Technik, die wir einfach so aus der Schublade herausholen können, wenn unsere Kinder ein Problem haben. Wir brauchen die richtige Einstellung zu dieser Methode. Ohne diese Einstellungen wirkt das Aktive Zuhören hohl, unaufrichtig und mechanisch.
Außerdem sollte das Aktive Zuhören nicht als Mittel, unsere Kinder auszuhorchen, missbraucht werden. Kinder und Jugendliche brauchen Nischen und möchten Geheimnisse auch mal für sich behalten. Geheimnisse sind kein Ausdruck einer schlechten Eltern-Kind-Beziehung. Sie gehören zu einem gesunden Abnabelungsprozess dazu.

Aktives Zuhören funktioniert nur, wenn …
- … Sie sich genug Zeit zum Zuhören nehmen.
- … Sie sich wirklich für die Anliegen und Probleme Ihrer Kinder interessieren.
- … Sie Zutrauen in die Fähigkeiten Ihrer Kinder haben, dass sie selber ihre Probleme lösen können.

- ... Sie keine Angst vor den negativen Gefühle Ihrer Kinder haben. Empfindungen sind nie von langer Dauer, sie ändern sich minütlich.
- ... Sie Ihre Kinder als individuelle Persönlichkeit sehen. Unsere Kinder leben ihr eigenes Leben und haben ihre eigenen Probleme.

„Fast jedes Kind wird von Herzen geliebt, doch viele Kinder wissen nichts davon; viele Erwachsene sterben mit der Überzeugung, dass sie für ihre Eltern nichts als eine Last und Enttäuschung gewesen sind."[26]

Wir prägen unsere Kinder. Das, was wir sagen, nistet sich in ihr Unterbewusstsein ein und begleitet sie ein Leben lang.
„Erwachsene wissen alles, sie können sogar Gedanken lesen." So denken viele Kinder. Wenn einem Kind gesagt wird: „Du bist ein Tolpatsch", wird es nervös und benimmt sich tolpatschig. Das Kind spürt die Zurückweisung, wenn es „Du Nervensäge!" zu hören bekommt. Es gerät in Panik, will sich vergewissern, dass es nicht abgelehnt wird, und fängt wirklich an, eine Nervensäge zu sein. Heißt es „Du Dummkopf!", mag das Kind sichtbar dagegen protestieren, doch im Inneren kann es nur traurig zustimmen: „Wenn du als Erwachsener es sagst, muss es wohl stimmen."

Im Erwachsenenleben tauchen die Attribute, die uns als Kinder eingeimpft wurden, wieder auf. Wir trauen uns viele Dinge nicht zu, weil wir denken, dass wir dafür nicht gut genug sind. Und wir machen immer wieder den gleichen Fehler, weil wir glauben, dass wir einfach zu blöd sind dazuzulernen.

Was sagen wir unseren Kindern?

Die Eltern schauen wie gebannt auf die Milchtüte und das Glas. Der Bissen bleibt ihnen schier im Halse stecken und die Kaffeetasse wird vorsichtig auf den Tisch zurückgestellt. Die Frage steht ihnen ins Gesicht geschrieben: „Wird er es diesmal schaffen? Wird sich Matthis (10 Jahre) diesmal etwas zu trinken einschenken, ohne ... Platsch!" – daneben. Eine Pfütze Milch ergießt sich über den Tisch. „Maaathis! Kannst du nicht aufpassen? Das ist ja wieder typisch! Immer verschüttest du die Milch."

Täglich müssen wir uns mit den Missgeschicken, schlechten Launen und Aggressionen unserer Kinder auseinander setzen. Da kann es passieren, dass wir unseren Nachwuchs abstempeln und bestimmte Sätze sagen, die dann wie ein Fluch auf ihnen lasten.

Haben Sie sich jemals selbst zugehört, wenn Sie mit Ihren Kindern sprechen – und kaum glauben können, was Sie so alles von sich geben?

„Das ist ja mal wieder typisch. Immer fängst du Streit an."
„Mein Gott, du machst mich fertig. Ich halte das nicht mehr aus."

„Warum kannst du nicht so lieb und brav sein wie deine große Schwester?“

Vergessen Sie nicht: Unsere Kinder sind intelligente und exakte Beobachter. Und weil sie ein großes Bedürfnis nach Liebe und Anerkennung haben, erfüllen sie normalerweise die Erwartungen, die wir in sie setzen. Sobald wir also bestimmte Sprechmuster wiederholen, greifen wir bereits in das Unterbewusstsein unserer Kinder ein und programmieren es. Diese Sätze haben die Wirkung einer „sich selbst erfüllenden Prophezeiung“ – je öfter sie wiederholt werden, desto eher treten sie ein.

Manche Sätze haben die Wirkung einer „sich selbst erfüllenden Prophezeiung“ – je öfter sie wiederholt werden, desto eher treten sie ein.

Wir sollten also auf die Wahl unserer Worte achten. Ärger zu empfinden und Wut zu haben und dies im Beisein der Kinder zu äußern, ist grundsätzlich nichts Negatives. Im Gegenteil, Kinder müssen lernen, dass Eltern ärgerlich sind und manchmal Spannungen lautstark abreagieren müssen. Aber wichtig ist, dass die positiven Botschaften, wie „Das hast du toll gemacht!“, „Ich hab dich sehr lieb!“ und „Du gehörst zu uns. Wir sind immer für dich da!“, genauso kräftig und verlässlich ausfallen wie irgendwelche Schimpftiraden.

Was sagen wir über unsere Kinder?

Es passiert uns immer wieder, dass wir über unsere Kinder reden (und schimpfen), wenn wir meinen, dass sie außer Hörweite sind.

Das kann ein folgenreicher Irrtum sein. Kinder sind sehr empfindsam und haben ein gutes Gehör. Schon Kleinkinder erfassen, Monate bevor sie überhaupt die ersten Wörter sprechen können, das meiste von dem, was mit Worten ausgedrückt wird. Wenn Sie also über Ihre Kinder reden, sollten Sie sich im Klaren darüber sein, was Sie sagen. Nutzen Sie die Möglichkeit, Ihre Kinder auch verbal zu unterstützen. Sprechen Sie aus, was Ihnen an Ihren Kindern gefällt. In Zeiten, in denen das Fundament ins Wanken gerät, weil ein Geschwisterchen geboren wird, eine Freundschaft auseinander bricht oder der Erfolg in der Schule ausbleibt, ist es wichtig, positive Botschaften zu senden: „Was auch geschieht, wir halten zu dir und haben dich sehr lieb. Du bist in Ordnung.“

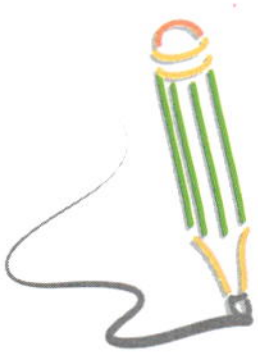

Das sollten Sie wissen

- Vermeiden Sie demütigende Äußerungen, sie prägen das Selbstbild.
  „Du bist eine alte Schlampe. Räum doch mal auf.“
- Vermeiden Sie negative Kosenamen.
  „Meine kleine Nervensäge“
- Vergleichen tut weh.
  „Du bist schon genauso schlecht wie …“
- Kontrolle durch Schuldgefühle hemmt die Lebensfreude.
  „Sieh nur, wie schlecht es deiner Mutter jetzt geht.“

- **Kinder stark machen**

Vielleicht haben Sie folgende Szenen schon mal in der Nachbarschaft oder auf dem Spielplatz beobachtet:

Ein kleiner Junge klettert auf einen Baum, und schon hört man die ängstlichen Rufe einer Mutter (oder eines Vaters): „Pass auf, dass du

da nicht runterfällst! Schau mal, der Ast ist ganz vermoost und glitschig. Vorsichtig, gleich rutschst du aus." Und schon ist es passiert. Der Junge wird unsicher, schaut nicht, wo er hintritt, und fällt herunter.
Wenn einem Kind gesagt wird: „Fall nicht vom Baum", dann muss es zwei Dinge denken: „nicht" und „vom Baum fallen". Wir beschwören in seiner Vorstellung die Szene herauf, in der er vom Baum fällt.

Geben Sie Ihrem Kind stattdessen klare Anweisungen, wie die Dinge richtig gemacht werden: „Halt dich gut am Baum fest."
„Überleg, auf welchen Ast du als Nächstes trittst."

„Positiv zu formulieren lernt man natürlich nicht über Nacht, aber man kann es trainieren. Jeder, der positiv formuliert, hilft seinem Kind, positiv zu denken und zu handeln – und damit in einer Vielzahl von Situationen zurechtzukommen, weil das Kind weiß, was es tun soll, und nicht vor Angst paralysiert ist, weil es etwas nicht tun soll."[27]

Kapitel 5

Mit Kindern leben – den Alltag gestalten

Manchmal muss es „Klick" machen

Wie dünn wollen Sie denn noch werden?" Mit diesen Worten empfing mich vor vielen Jahren meine Frauenärztin, als ich aus der Umkleidekabine in ihr Untersuchungszimmer trat. Besorgt, aber auch mit einem Schuss Ironie musterte sie mich von Kopf bis Fuß. „Na, dann wollen wir mal schauen, ob sonst alles in Ordnung ist …"

In Ordnung war bei mir damals gar nichts. So kam es mir wenigstens vor. Unser drittes Kind war gerade mal ein halbes Jahr alt, in den letzten drei Monaten hatten wir erst die Windpocken und dann den Keuchhusten mit Mühe überstanden, seit fast fünf Jahren hatte ich kaum mal eine Nacht richtig durchgeschlafen, und außerdem war mein Mann seit acht Monaten krankgeschrieben.

„Jede Mutter, egal, wie viele Kinder sie hat, braucht mindestens eine Stunde am Tag für sich ganz persönlich. Auf Wiedersehen, Frau Rosemann“, verabschiedete sich die Gynäkologin und rauschte aus dem Raum.
Verdutzt schaute ich ihr nach, doch dann machte es „Klick“. Zwei Dinge wurden mir in den folgenden Monaten klar, die als eine Art Schlüssel mir neue Räume öffneten:

1. Auch Eltern haben legitime Bedürfnisse und Interessen. Dass sie für sich selbst sorgen, ist genauso wichtig wie ihre Sorge für die Familie.

2. Niemand, weder Vater noch Mutter, trägt allein die Verantwortung für das Wohl der Familie. Es ist völlig in Ordnung, wenn Eltern Hilfe in Anspruch nehmen.

Wenn wir uns als Eltern ständig überfordern und uns dadurch schließlich müde, krank, einsam und überlastet fühlen, dann können wir uns selbst, unsere Beziehung und die Entwicklung unserer Kinder hemmen. Wenn wir uns hingegen wohl fühlen, angenehme Dinge erleben, wenn wir gesund und erholt sind, dann können wir unseren Kindern viel geben – und wiederum durch unsere Freude an ihnen viel geschenkt bekommen.

Stellen Sie sich Ihrem Manager-Job

Eltern fühlen sich oft zerrissen zwischen der Notwendigkeit, in Haushalt und Beruf allen Pflichten nachzukommen, dem Bedürfnis, Zeit für sich zu haben, und dem Wunsch, mehr Zeit mit ihren Kindern zu verbringen.

Zugegeben, es gibt Phasen im Familienleben – besonders wenn zwei oder mehrere Kinder unter fünf Jahren sind –, da ist es schwer, für sich selber zu sorgen. Doch gerade in dieser Zeit ist es hilfreich, sich einen bis vor kurzem noch ungewöhnlichen Gedanken immer wieder zu Eigen zu machen:
Wer eine Familie führt (in einer typischen Familie ist das in der Regel die Mutter), ist mit einem modernen Manager zu vergleichen. Als Familienmanagerin haben Sie die Befugnis, Leitung zu übernehmen und Entscheidungen zu treffen. Neben vielen anderen Dingen haben Sie daher auch die Möglichkeit, einen großen Teil der Familienkonflikte durch eine sinnvolle Planung zu vermeiden. Und genau wie in

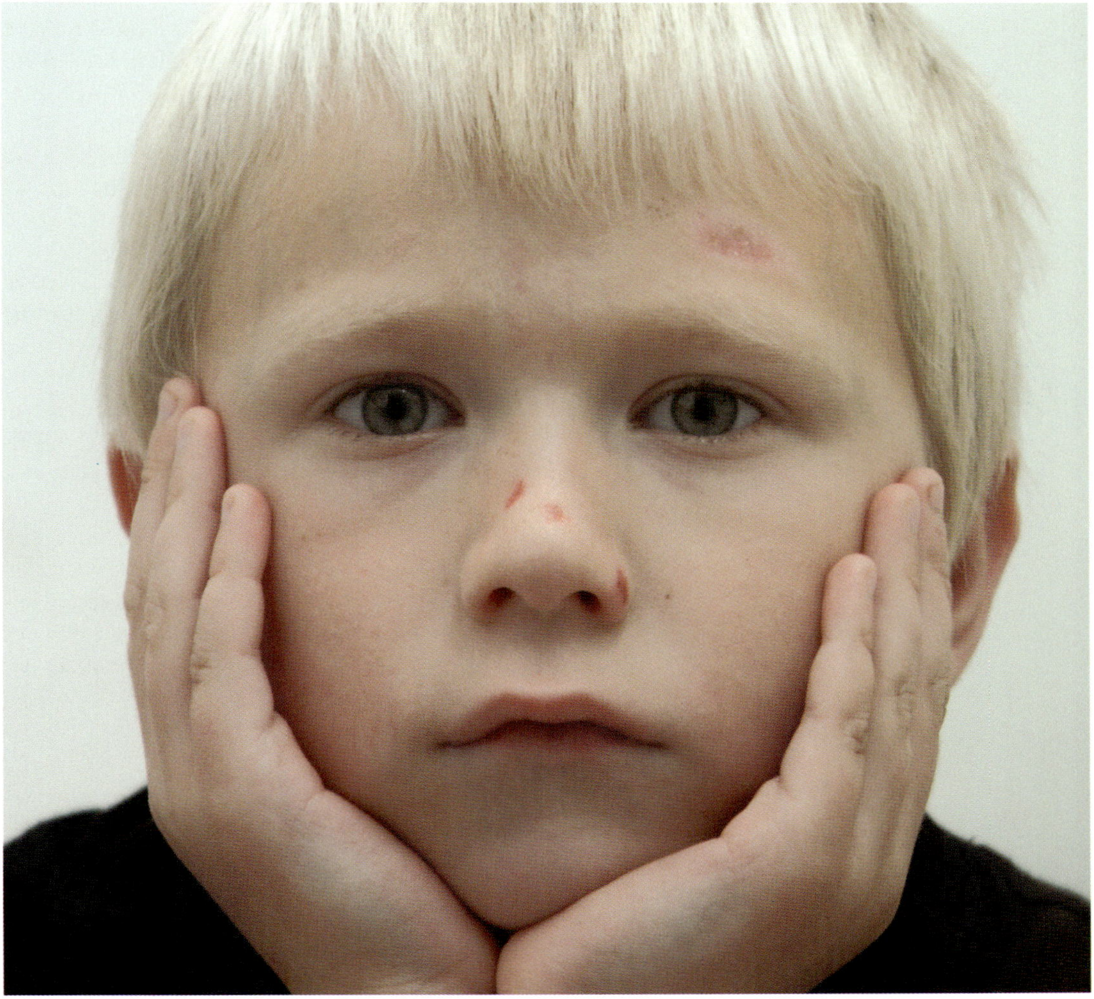

einem modernen Unternehmen ist ein möglichst reibungsloser Ablauf des Familienlebens einerseits von guter Planung und Organisation und andererseits von der Motivation der „Mitarbeiter“ abhängig. Und wie für einen guten Firmenchef die Zufriedenheit seiner Mitarbeiter an erster Stelle steht, sollte auch Ihnen als Eltern das Glück Ihrer Familie am Herzen liegen.

Was können Sie also tun, damit das Leben in Ihrer Familie besser organisiert ist, alle mehr Freiraum für die schönen Dinge haben und vermeidbare Konflikte auch tatsächlich vermieden werden?

Pinnwand und Familienkalender

Machen Sie sich kundig und verschaffen Sie sich einen Überblick über alle Aufgaben und Pflichten, die lang-, mittel- und kurzfristig in Ihrer Familie anfallen. Eine Pinnwand und ein Familienkalender können dabei eine große Hilfe sein. Am besten hängen beide zentral, gut sichtbar und für jeden zugänglich in der Küche oder im Flur.
An die Pinnwand werden alle aktuellen Mitteilungsblätter aus Schule, Gemeinde, Sportverein usw. geheftet. (Achtung: Alles, was vorbei ist, sofort wegwerfen!) Außerdem können dort auf einem leeren Blatt die Dinge notiert werden, die unbedingt erledigt oder besorgt werden müssen.
In einem großen Familienkalender hat jedes Familienmitglied eine eigene Spalte. Dort können die regelmäßigen und die besonderen Termine eingetragen werden. Je älter die Kinder werden, um so eigenständiger können sie die Verantwortung für ihre Verabredungen und Termine übernehmen.

Fahrdienste

Ob es die Fahrt zur Musikschule, zum Sport oder in die Jungschar ist, je nach Anzahl der Kinder sind Eltern manchmal mehrmals am Tag damit beschäftigt, die lieben Kleinen von einem Termin zum nächsten zu chauffieren. Da lohnt es sich, Fahrgemeinschaften zu bilden. Sprechen Sie sich mit andern Eltern ab, wer die Hinfahrt und wer die Rückfahrt übernimmt. Auf diese Weise können Sie sich sogar mal einen freien Nachmittag einrichten.

Kindertausch

Eltern, die sich z.B. in einem Geburtsvorbereitungs- oder Krabbelkurs kennen gelernt haben, können einen „Kindertausch" organisieren. Zwei Mütter verabreden, dass sie an zwei halben Tagen in der Woche gegenseitig auf ihre Kinder aufpassen. So sind beispielsweise beide Kinder am Dienstagvormittag bei der einen Mutter und am Donnerstagvormittag bei der anderen Mutter. Das freut die Kinder und entlastet die Mütter, die z.B. einmal ohne Kind einkaufen oder etwas erledigen können, enorm.
Eine andere Möglichkeit ist, dass mehrere Eltern sich zusammenschließen und sich wöchentlich mit der Betreuung der Kinder abwechseln. An diesem Vormittag sind alle Kinder dann bei einer Familie. Bei vier Familien hätte jede Mutter drei Vormittage im Monat frei. Gerade für Mütter, die nicht auf die Hilfe von Großeltern zurückgreifen können, sind solche freien Zeiten Gold wert.

Hilfen für den Haushalt

Nicht jedes Familienportmonee lässt eine Haushaltshilfe, einen Gärtner oder einen Fensterputzer zu. Allerdings habe ich manchmal den Eindruck, dass viele Väter und Mütter unbedingt an ihrem hohen Anspruch, alles alleine schaffen zu müssen, festhalten wollen und sich damit oft selber im Weg stehen. Sie erwarten übermenschliche Leistungen von sich und weigern sich standhaft, fremde Hilfe anzunehmen.

Haben Sie sich schon einmal erkundigt, was es kosten würde, die Fenster reinigen zu lassen? Professionelle Fensterputzer wischen die Scheiben in rekordverdächtiger Geschwindigkeit. Und die anfallenden Kosten halten sich durchaus in Grenzen.
Oder haben Sie einmal überlegt, dass Sie eine kleine Nebentätigkeit, die Ihnen Spaß macht, annehmen könnten, um sich dafür eine Hilfe im Haushalt zu leisten, die für ein paar Stunden in der Woche das Gröbste für Sie erledigt?

Vielleicht ist Bügeln Ihrer Empfindung nach eine besonders lästige Tätigkeit, die Ihnen so richtig die Laune verderben kann. Dann schauen Sie sich doch einfach mal in Ihrem Verwandten- und Bekanntenkreis um. Manchmal gibt es eine gute Tante oder eine liebe Nachbarin, der diese Aufgabe so richtig Spaß macht. Im Gegenzug könnten Sie Ihr anbieten, einmal in der Woche Ihren Großeinkauf zu erledigen.

Schaffen Sie einen verlässlichen Rahmen

Veränderungen gehören zu den größten Belastungen im Leben eines jungen Menschen. Sein Denken und Fühlen, sein Körper und seine Beziehungen wandeln sich ständig. Die ersten zwanzig Jahre sind voll von diesen Veränderungen.

Achten Sie darauf, dass in Ihrer Familie durch Regeln und Rituale ein vertrauter Raum entsteht, in dem sich Ihre Kinder sicher und frei bewegen können.

Als Familienmanagerin können Sie ein Gegengewicht dazu schaffen: Achten Sie darauf, dass in Ihrer Familie durch Regeln und Rituale ein vertrauter Raum entsteht, in dem sich Ihre Kinder sicher und frei bewegen können. Machen Sie Eckpunkte fest, an denen sich Ihre Kinder orientieren können, und bilden Sie so den Rahmen, in dem Sie Ihr Familienleben gestalten.

1. Familienregeln

Regeln bestimmen den alltäglichen Ablauf des Familienlebens. Sie sind klar und eindeutig, aber nicht starr. Alle Regeln sind auf die aktuelle Situation und auf die Bedürfnisse von Eltern und Kindern abgestimmt. Deshalb müssen sie ständig überprüft und neu ausgehandelt werden.

- Es gibt Regeln, die das Zusammenleben in der Familie und das Sozialverhalten der Kinder bestimmen, z.B.: „Nach dem Essen räumt jeder seinen Geschirr in die Spülmaschine.“, „Beißen, spucken und treten ist nicht erlaubt.“

- Jedes Familienmitglied hat bestimmte Aufgaben, z.B.: „Papa kauft die Getränke, Jan mäht regelmäßig den Rasen, und Nicole versorgt das Kaninchen."
- Es gibt einen geregelten Tagesablauf, der z.B. klärt, in welcher Reihenfolge die Familienmitglieder am Morgen das Badezimmer belegen, wann und wie eine gemeinsame Mahlzeit am Tag stattfindet und wer mit wem eine bestimmte Sendung im Fernsehen sieht.

2. Familienrituale
Rituale sind gute Regeln und Gewohnheiten, die sich bewährt haben und die irgendwann nicht mehr aus dem Familienleben wegzudenken sind. Sie kehren täglich, wöchentlich, monatlich oder jährlich wieder. Einige Beispiele:

- Immer wenn man nach Hause kommt, werden die Schuhe im Windfang ausgezogen.
- Vor den Mahlzeiten wird gebetet.
- Jeden Sonntag wird bei Oma und Opa zu Mittag gegessen.
- Einmal im Monat wird ein Familienrat zusammengetrommelt.
- Einmal im Jahr gibt es ein großes Familientreffen.

Worauf es ankommt

„Eltern bringen jedes Opfer und sind die Blitzableiter für alle Schwierigkeiten ihrer Kinder." Wenn Väter und Mütter an diesem Satz festhalten, erreichen sie irgendwann einen Punkt, an dem sie so überlastet sind, dass sie einfach nicht mehr liebevolle und fürsorgende Eltern sein können. Auch sie brauchen Energiezufuhr in Form von Liebe, Anerkennung, Entspannung und Gesprächen. Wie der Einzelne diese Energie tankt, kann sehr verschieden sein. Immer aber wird er sich in einer Zeit, die er sich „freigekämpft" hat, um sich selbst kümmern müssen.

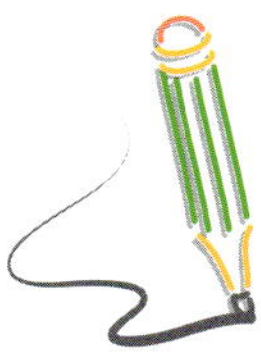

Energie tanken
1. Reservieren Sie sich in Ihrem Alltag Verschnaufpausen, die von Ihnen selbst und Ihren Kindern respektiert werden.
2. Machen Sie mit sich selbst einen monatlichen Termin aus, an dem Sie Ihren persönlichen Interessen nachgehen.
3. Leisten Sie sich ab und zu einen Babysitter und machen Sie sich einen schönen Abend mit Ihrem Partner/ Ihrer Partnerin. Tun Sie regelmäßig etwas, was nichts mit Ihrer Rolle als Eltern zu tun hat und Ihnen einfach Spaß macht.

Auf der Grundlage von Liebe, Verständnis und Offenheit, mit gemeinsamen Gesprächen und einem Raum persönlicher Freiheit für jeden Einzelnen ist es gar nicht so schwer, eine Familie zu sein und zu bleiben. Suchen Sie nach Möglichkeiten, die Liebe zueinander zu hegen und zu pflegen. Und denken Sie dabei einmal zunächst an sich und Ihren Partner. Nehmen Sie sich Zeit, für sich zu sorgen und gemeinsam zu entspannen. Für Alleinerziehende ist es darüber hinaus besonders wichtig, Menschen in ihrer Nähe zu haben, die sie unterstützen und auf die sie bauen können. Auch Freundschaften müssen gepflegt werden. Kinder müssen nicht ständig an der ersten Stelle stehen; diese Erfahrung zu machen, kann ihnen auch im Leben außerhalb der Familie zugute kommen.

Liebe ist die Basis, auf der Sie die Beziehung zu Ihrem Kind aufbauen. Denn Liebe ist die Quelle, aus der für Ihr Kind die Sicherheit und das Selbstvertrauen entspringen und die es zu einem Menschen machen, mit dem sich gut und gerne streiten lässt.

Quellen

1 Pädagogische Führung. Zeitschrift für Schulleitung und Schulberatung, Heft 1, Luchterhand Verlag, Hamburg 1990, S. 25
2 George R. Bach / Herb Goldberg, Keine Angst vor Aggressionen, Frankfurt am Main 1998, S. 14
3 vgl.: Gary Chapman, Die andere Seite der Liebe, Gießen 2000, S. 15
4 vgl.: Eltern: Die richtige Erziehung von A-Z, München, S. 6
5 vgl.: Steve Biddulph, Das Geheimnis glücklicher Kinder, München 1999, S. 80-81
6 Steve Biddulph, a.a.O., S. 84
7 vgl.: Steve Biddulph, a.a.O., S. 86-87
8 Eltern: Die richtige Erziehung von A-Z, München, S. 118
9 vgl.: Steve Biddulph, a.a.O., S. 89
10 Eltern: Die richtige Erziehung von A-Z, München, S. 50
11 Steve Biddulph, a.a.O., S. 105-106
12 Gerlinde Unverzagt, Kinder, vertragt euch doch!, Freiburg 2. Aufl. 2000, S. 19
13 Gerlinde Unverzagt, a.a.O., S. 26
14 Gerlinde Unverzagt, a.a.O., S. 37
15 Gerlinde Unverzagt, a.a.O., S. 93
16 Eltern: Die richtige Erziehung von A-Z, München, S. 48
17 Gerlinde Unverzagt, a.a.O., S. 95
18 Gerlinde Unverzagt, a.a.O., S. 102
19 Gerlinde Unverzagt, a.a.O., S. 28
20 Gerlinde Unverzagt, a.a.O., S. 39
21 Gerlinde Unverzagt, a.a.O., S. 115
22 vgl.: Thomas Gordon, Familienkonferenz, Hamburg 1972 ff, S. 48-51
23 vgl.: Thomas Gordon, a.a.O., S. 54
24 Thomas Gordon, a.a.O., S. 55
25 vgl.: Thomas Gordon, a.a.O., S. 56-57
26 Steve Biddulph, a.a.O., S. 31
27 Steve Biddulph, a.a.O., S. 41

Regine Lübben-Chambí / Hannelore Jackson

Kinder lernen spielend

Unglaublich viel lernen Kinder durch das Spiel, durch Nachahmen, durch Spielen mit dem ganzen Körper und allen Sinnen. Hier erfahren Sie alles, was Sie als Eltern über Kreativität, spielerische Wissensvermittlung und soziales Verhalten wissen müssen.

96 Seiten, Paperback, Bestell-Nr. 627 454

Barbara und Wilhelm Faix

Für frohe Wochen und ein großes Fest

Keinem Fest fiebern Kinder so entgegen wie Weihnachten. Hier finden Sie viele Ideen und praktische Anregungen, damit alles in Ihrer Familie den Sinn und den besonderen Glanz dieser Zeit erleben. Mit einem originellen Weihnachtsgeschenk-Spiel.

96 Seiten, Paperback, Bestell-Nr. 627 451

Christoph Zehendner / Claudia Filker

So bringen Sie Ihr Kind sicher durch die Medienflut

Wenn Sie Ihren Kindern Orientierung und hilfreiche Regeln im Umgang mit Medien geben wollen, müssen Sie sich selbst gut auskennen und immer wieder mit Neuem vertraut machen. In diesem Buch zeigen Eltern, dass es sogar Spaß machen kann, die Welt der eigenen Kinder besser kennen und verstehen zu lernen.

96 Seiten, Paperback, Bestell-Nr. 627 455

ONCKEN VERLAG WUPPERTAL UND KASSEL

Caritas Führer

Ostern in der Familie

Für die Weihnachtszeit haben viele Familien Bräuche gefunden, auf die man sich jedes Jahr freut. Der Passions- und Osterzeit jedoch stehen wir oft hilflos gegenüber. Dieses Buch gibt Anregungen, um diese Zeit in Familien oder der Gemeinde bewusst zu gestalten. Mit Tipps fürs Fasten, Basteln, Backen.

96 Seiten, Paperback, Bestell-Nr. 627 458

Claudia Filker

Mit Kindern über Gott sprechen

Wenn Kinder fragen, geraten Eltern schon mal ins Schwimmen. Dieses Buch zeigt Ihnen, wie Glaubensinhalte im Familienalltag einfach und kindgerecht vermittelt werden können. Mit vielen praktischen Ideen, Liedern und Gebeten.

96 Seiten, Paperback, Bestell-Nr. 627 450

Ulrich Giesekus

Lust, Frust und Launen verstehen

Ulrich Giesekus gibt Informationen und verlässlichen Rat, wie Sie Ihren Teenie beim Erwachsenenwerden begleiten und unterstützen. Wie unterscheiden Sie ernsthafte Probleme und Phasen? Wie ist der Einfluss von Freunden? Was können Eltern bewirken? Wie lernen Sie loszulassen?

96 Seiten, Paperback, Bestell-Nr. 627 456

ONCKEN VERLAG WUPPERTAL UND KASSEL